ENTENDIENDO EL ISLAM Y EL TERRORISMO

Un Punto de Vista Bíblico

Kerby Anderson

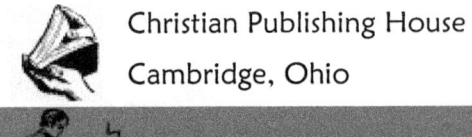

Christian Publishing House
Cambridge, Ohio

Copyright © 2019 Kerby Anderson

Todos los derechos reservados. A excepción de citas breves en artículos, otras publicaciones, reseñas de libros y blogs, ninguna parte de este libro puede reproducirse de ninguna manera sin el permiso previo por escrito de los editores. Para información, escriba,

support@christianpublishers.org

La Biblia de las Américas (LBLA) Copyright © 1986, 1995, 1997 by The Lockman Foundation

ENTENDIENDO EL ISLAM Y EL TERRORISMO: Un Punto de Vista Bíblico by Kerby Anderson

ISBN-13: **978-1-949586-81-7**

ISBN-10: **1-949586-81-2**

Traducido por Pamela Navarrete Andrews

Table of Contents

INTRODUCCIÓN 11

SECCIÓN 1 Historia y Teología 14

  CAPÍTULO 1 - LA HISTORIA DEL ISLAM. 15

    Historia de Mahoma 15

    Mahoma en Medina 18

    Después de la muerte de Mahoma 22

  CAPÍTULO 2 - LAS CREENCIAS DEL ISLAM 26

    Los Cinco Pilares del Islam 28

    ¿Un Sexto Pilar del Islam? 33

    Martirio y Bombarderos Suicidas 36

    Las Grandes Divisiones del Islam 36

    Musulmanes Wahabíes 39

    El Significado de La Meca 41

  CAPÍTULO 3 – LA TEOLOGÍA DEL ISLAM 43

    El Corán y la Biblia 46

    Contradicciones Entre la Biblia y el Corán 49

    El Corán y Jesús 55

    Los Profetas 59

    Ángeles 59

    Creencia Musulmana Sobre el Pecado 60

    Creencia Musulmana Sobre la Salvación . 62

    Cielo, Infierno y Juicio 65

SECCIÓN 2 Islam y Terrorismo 67

CAPÍTULO 4 - EL CHOQUE DE LAS CIVILIZACIONES 68

El Choque de las Civilizaciones 68

Amenaza del Islam Radical 75

Punto de Inflexión Islámico 77

Implicaciones Cristianas del Choque de Civilizaciones 79

Reformando el Islam 80

CAPÍTULO 5 - LEY DE LA SHARIA 84

Ley de la Sharia 84

Judíos y Cristianos Bajo la Ley de la Sharia 85

Cómo es el Trato a los Cristianos Dentro del Islam 88

La Ley Sharia y la Mujer 90

La Sharia y la Poligamia 92

Ley de la Sharia y los Derechos de las Mujeres 93

La Sharia y la Constitutión 97

CAPÍTULO 6 – EL ISLAM Y EL TERRORISMO 100

Historia del Terrorismo 100

Interpretación Terrorista del Corán 102

Negación Occidental del Terrorismo 103

El Mito de la Gran Mayoría 106

- Luchando Contra el Terrorismo 109
- ¿Declarar la Guerra a los Terroristas? 113
- Terrorismo y Guerra Justa 115

SECCIÓN 3 Preguntas Sobre el Islam 120

CAPÍTULO 7 - CRISTIANOS Y MUSULMANES 121
- ¿Adoras al Mismo Dios? 121
- Visión Musulmana de Jesús Como el Hijo de Dios 123
- Vista Musulmana de la Trinidad 126
- ¿Una Religión de Paz? 128
- El Corán y el Asesinato 131
- Violencia en la Biblia y el Corán 131
- Visión Musulmana del Mundo Cristiano 133
- ¿Por Qué es Difícil Para los Musulmanes Convertirse en Cristianos? 135
- Testificando a los Musulmanes Sobre Jesús 136

CAPÍTULO 8 - EL ISLAM Y LAS CRUZADAS 139
- Razón de las Cruzadas 139
- Breve Historia de las Cruzadas 141
- Atrocidades en las Cruzadas 143
- Las Películas de Hollywood Sobre las Cruzadas 144
- Bibliografía 147

Kerby Anderson es el presidente de Probe Ministries. Tiene una maestría de la Universidad de Yale (ciencia) y la Universidad de Georgetown (gobierno).

También se desempeña como profesor visitante en el Seminario Teológico de Dallas y ha hablado en docenas de campus universitarios, como la Universidad de Michigan, la Universidad de Vanderbilt, la Universidad de Princeton, la Universidad Johns Hopkins, la Universidad de Colorado y la Universidad de Texas

Es autor de quince libros que incluyen *Signs of Warning*, *Signs of Hope*, *Moral Dilemmas*, *Christian Ethics in Plain Language*, *A Biblical Point of View on Islam*, *A Biblical Point of View on Homosexuality*, *A Biblical Point of View on Intelligent Design*, *A Biblical Point of View on Spiritual Warfare*, and *Managing Your Money in Tough Times*. He is also the editor of many books including *Marriage, Family, & Sexuality* and *Technology, Spirituality, & Social Trends*.

Es el presentador del programa de radio "Point of View" e invitado habitual en "Fire Away" (American Family Radio). Ha aparecido en numerosos programas de entrevistas de radio y televisión, como "MacNeil / Lehrer News Hour", "Focus on the Family", "Beverly LaHaye Live" y "The 700 Club."

Produce diariamente un comentario de radio sindicado y escribe editoriales que han aparecido en *Dallas Morning News*, the *Miami Herald*, the *San Jose Mercury*, and the *Houston Post*. Sus comentarios de radio han sido publicados por International Media

Services, United Press International, American Family Radio, Moody Radio, y the USA Radio Network.

Kerby está Casado con Susanne y es padre de tres hijos adultos.

INTRODUCCIÓN

Aunque el Islam ha sido una de las principales religiones del mundo que comenzó hace 1400 años, la mayoría de las personas solo comenzaron a prestarle atención después del 11 de Septiembre de 2001, cuando los terroristas atacaron a Estados Unidos. En los dieciséis años siguientes hemos visto ataques horribles en Barcelona, Beslan, Boston, Bruselas, Londres, Madrid, Mumbai, Niza, Orlando, París y San Bernardino. Algunos fueron ataques coordinados a gran escala. Otros fueron perpetrados por lo que los expertos llamaron un "lobo solitario." Por supuesto, también podemos añadir a esto, secuestros y decapitaciones de periodistas, turistas y cristianos fieles.

Como alguien que regularmente habla y realiza entrevistas de radio sobre el Islam y el terrorismo, quise armar un libro que responda a muchas de las preguntas que surgen en discursos y transmisiones. ¿Por qué los musulmanes radicales nos odian? ¿Por qué estos islamistas odian la civilización occidental? ¿Qué creen los musulmanes? ¿Cómo puedo dar testimonio a mis amigos, vecinos y compañeros de trabajo musulmanes?

La necesidad de un pensamiento claro nunca ha sido mayor. Lo políticamente correcto y el multiculturalismo dominan el pensamiento en los medios de comunicación y en las instituciones educativas. A cualquiera que se atreva a evaluar críticamente el islam se le suele asignar la etiqueta de "islamofóbico". Los políticos nos aseguran que "el Islam es una religión de paz". Los teólogos liberales explican que "los musulmanes adoran al mismo Dios que los judíos y los cristianos." Los políticos nos aseguran que "La ley de la Sharia no representa una amenaza para nuestra Constitución". Es difícil ver claramente en medio de esta niebla de lo políticamente correcto.

Es importante entender el Islam a la luz de las misiones mundiales. Hace apenas unas décadas, la mayoría de los países cerrados eran países comunistas. Algunos de esos países todavía están cerrados, pero muchos están abiertos a los misioneros. Hoy los países realmente cerrados a las misiones son los países musulmanes. Además, la mayoría de estos países musulmanes se encuentran en la llamada "Ventana 10/40" (llamada así porque los países se encuentran entre 10 y 40 grados al norte del ecuador). Las iglesias y las organizaciones misioneras quieren enfocar un mayor alcance evangelístico en esta área del mundo.

Hace más de una década, escribí un libro sobre el tema del Islam que ahora está agotado. Me pareció un buen momento para agregar nuevo material y actualizar el material existente. Parte de esta información proviene de entrevistas de radio que he realizado con expertos. Otro material proviene de mi comentario diario "Puntos de Vista" disponible a través del programa de entrevistas de radio Point of View.

Estos capítulos cortos son mi intento de ayudarte a entender el Islam y el terrorismo. Describiremos la historia y estructura del Islam. Examinaremos la teología del Islam. También hablaremos sobre cómo testificar a otros musulmanes. Incluso veremos las cruzadas y el actual choque de civilizaciones entre el Islam y el oeste. Y detallaremos los desafíos del terrorismo musulmán y cómo debe responder nuestro país y otros países.

SECCIÓN 1 Historia y Teología

Una religión asume los atributos y características de su fundador. Ese es ciertamente el caso con el Islam y Mahoma. ¿Cuál es su historia? ¿Cuáles son las creencias y la teología de la mayoría de los musulmanes en el mundo de hoy? ¿Cuáles son las principales divisiones del Islam?

CAPÍTULO 1 - LA HISTORIA DEL ISLAM

Cualquier movimiento social o político generalmente asume los atributos y características de su fundador. Eso también es una realidad cuando hablamos de una religión. Para entender la religión musulmana, debemos comenzar con Mahoma.

El Islam es una religión monoteísta basada en el libro sagrado, el Corán, sus seguidores creen que, este libro, fue enviado por Dios a través del ángel Gabriel al profeta Mahoma. En el Hadiz también se registran enseñanzas adicionales.

La creencia fundamental del Islam se basa en la creencia monoteísta de que Dios es uno. En árabe, a Dios se le llama Alá. El nombre Alá fue usado antes de la época de Mahoma y no especifica ningún género. Debido a que el Islam enseña la unidad de Dios, los musulmanes rechazan la doctrina Cristiana de la trinidad de Dios. Los musulmanes también rechazan las religiones orientales que enseñan el politeísmo.

Historia de Mahoma

Mahoma nació en 570 en la tribu Quraysh que tenía la responsabilidad de cuidar de la Ka'bah (una piedra utilizada en los rituales paganos en La Meca). Su padre murió casi seis meses antes de que él naciera, y su madre murió cuando él tenía seis años. Entonces, su abuelo lo crió hasta que murió cuando Mahoma tenía ocho años. Finalmente, su tío se convirtió en su custodio. Durante su adolescencia, siguió a su tío en viajes a Siria para intercambiar bienes. En general, Mahoma vivió una vida normal, excepto que nunca participó en los rituales paganos en La Meca.

Después de sus años de viajar con su tío, Mahoma se convirtió en comerciante. De joven, Mahoma obtuvo el apoyo económico de Jadiya. A los 25 años, se casó con esta rica comerciante viuda, que era 15 años mayor que él. Le dirigió sus caravanas de comercio por toda la península arábiga hasta Damasco. Tuvieron cinco hijos juntos.

Cuando tenía 40 años de edad, Mahoma tuvo una visión. A veces se retiraba a una cueva en el Monte Hira (fuera de La Meca) para relajarse. En 610, dijo que recibió una visión del ángel Gabriel durante el mes de Ramadán. Al principio, se preguntaba cuál era el orígen, pero su esposa Jadiya (y otros) creían que era un mensaje profético de Alá. Después de su primera revelación, Mahoma no recibió otra por casi tres años. Durante ese tiempo, se sintió abatido y dudó si Alá estaba satisfecho con su conducta.

Él comenzó a tener revelaciones adicionales hasta su muerte, y estos mensajes se compilaron y registraron posteriormente en el Corán. Con el tiempo, algunas de las revelaciones de Mahoma se volvieron más inusuales. Afirmó hablar con los muertos e incluso oró por los muertos en un cementerio. También recibió revelación de Alá y Satanás. Quizás los más famosos de estos sean los llamados "Versos satánicos".

Mahoma comenzó a predicar contra la codicia, la opresión económica y la idolatría de su tiempo. También predicó contra el politeísmo de las tribus árabes e hizo un llamado a las muchas facciones de los pueblos árabes a unirse bajo el culto de Alá. Mahoma proclamó a aquellos en La Meca que estaban adorando a dioses e ídolos falsos. Esta predicación no solo fue controvertida, sino que comenzó a afectar los intereses comerciales de aquellos que se beneficiaban del culto en la Ka'bah en La Meca. Incluso su propia tribu se volvió contra él. Él y sus seguidores fueron perseguidos.

Aunque algunos se unieron a Mahoma, la mayoría de los residentes lo ignoraron o lo criticaron. Su mensaje no fue bien recibido, ni siquiera por sus hermanos de la tribu de Quraysh en La Meca. Es en ese punto que la ira de Mahoma emergió. Cuando incluso su tío, Abu Lahab, rechazó su mensaje, Mahoma lo maldijo a él y a su esposa en un lenguaje violento: "¡Que las manos de Abu Lahab perezcan! ¡Que él mismo perezca! De nada le servirá sus riquezas y ganancias. ¡Será quemado en un fuego ardiente, y su esposa, cargada de maricas, tendrá una cuerda de fibra alrededor de su cuello!" (Sura 111: 1-5).

En 620, Mahoma afirmó que experimentó un viaje nocturno con el ángel Gabriel que lo llevó desde La Meca a una tierra lejana (luego, los musulmanes dijeron que era Jerusalén, el lugar que hoy se conoce como la Cúpula de la Roca). También dijo que viajó al cielo y al infierno y habló con los profetas anteriores, como Abraham, Moisés y Jesús. Los guió en oración y luego regresó a La Meca.

Su esposa y su tío murieron en 619, y se casó con otra mujer. Las tensiones aumentaron, e incluso su propia tribu se negó a protegerlo. Se hicieron varias amenazas contra su vida. Algunos de sus seguidores huyeron donde un rey cristiano cercano en busca de protección.

Los líderes de La Meca estaban cada vez más preocupados por la influencia de Mahoma y sus seguidores. Entonces, idearon un plan para asesinar a Mahoma y así librar a su ciudad de él y de sus seguidores musulmanes. Mahoma y su pequeña comunidad musulmana eventualmente huyeron de La Meca en 622 a Medina (un pequeño oasis agrícola al norte de La Meca) donde un grupo de guerreros tribales aceptó su rol de profeta. Este viaje (conocido como la Hijra) marca el comienzo del calendario musulmán. Es por esto que las fechas musulmanas tienen la designación AH (Año de Hijra o Después de Hijra).

Mahoma en Medina

Mientras estaba en Medina, Mahoma comenzó a organizar varios aspectos del Islam. Propuso que el día santo musulmán fuera el viernes para que no entrara en conflicto con el Sabbath judío. Originalmente, los musulmanes rezaban hacia Jerusalén, pero eso fue, más tarde, cambiado a La Meca. También adoptó a Abraham como el patriarca de la fe musulmana, pero lo consideró el padre de los árabes a través de Ismael.

Mohama también estableció lo que podría considerarse el documento fundacional del Islam. Declaraba a la comunidad de creyentes musulmanes como la Umma y establecía las restricciones bajo las cuales vivirían. Esta hermandad de creyentes reemplazó a la hermandad de las tribus. Debían ser gobernados por la teocracia musulmana en la que todas las instituciones estaban subordinadas a la religión.

Durante este tiempo, construyó una mezquita en Medina y estableció los pilares del Islam que existen hasta el día de hoy. Estos incluyen la confesión, la oración, la limosna, el ayuno y la peregrinación.

Mahoma también dividió el mundo en dos esferas: dar al-Islam (la casa de la sumisión - Islam) y dar al-Harb (la casa de la guerra). La primera es el gobierno por ley y tradición islámica. La segunda está fuera del dominio musulmán.

Mientras estaban en Medina, Mahoma y sus compañeros musulmanes asaltaron caravanas y se involucró en varias batallas con su creciente ejército de seguidores. Aunque la mayoría de estas batallas fueron con los de La Meca que rechazaron su enseñanza, algunas fueron contra los judíos. En una batalla en particular con la última tribu judía en Medina, él y sus seguidores mataron entre 600 a 800 hombres judíos y tomaron a las esposas e hijos como botín.

Debido a que estaba asaltando caravanas de La Meca, las relaciones entre La Meca y Mahoma empeoraron. Después de que Mahoma dirigió un ataque a una caravana de La Meca en 624, los líderes en La Meca decidieron enviar un ejército a Medina para derrotar a Mahoma y sus seguidores.

Este fue un punto de inflexión importante en la vida de Mahoma en lo que ahora se llama la batalla de Badr. A pesar de que fueron superados en número de tres a uno, sus tropas musulmanas fueron capaces de derrotar a los Quraysh. Esto pareció ser una autenticación divina de la bendición de Alá en la enseñanza de Mahoma. También atribuyó la victoria a Alá enviando ángeles. También dijo que una ayuda similar vendría a los musulmanes que permanecieron fieles a Alá.

> Por cierto que Alá os socorrió en Badr cuando estabais en inferioridad de condiciones. Temed a Alá, y así seréis agradecidos. Cuando decías a los creyentes: ¿No os basta que vuestro Señor os socorriera enviando tres mil Ángeles? ¡Sí! Y si sois pacientes y teméis a Allah, cuando os ataquen sorpresivamente, vuestro Señor os reforzará enviados cinco mil Ángeles con distintivos. (Sura 3:123-125)

La victoria en Badr también planteaba un problema: el botín de la guerra. Uno de los capítulos del Corán en realidad explica la distribución de este botín: "Sabed que un quinto del botín de guerra que logréis le corresponde a Alá, al Mensajero, sus familiares, los huérfanos, los pobres y los viajeros insolventes, [y el resto a los combatientes]; si es que creéis en Alá y en lo que le revelamos a nuestro siervo el día que se evidenció la verdad de la falsedad [el día de la batalla de Badr]: el día que se enfrentaron los dos bandos [los creyentes y lo incrédulos]; y Alá tiene poder sobre todas las cosas".

Para el 628, el ejército musulmán era tan fuerte que Mahoma decidió regresar a La Meca como peregrino. A pesar de que no se le permitió terminar su peregrinación, firmó un tratado que permitiría a los musulmanes hacer una peregrinación a La Meca el año siguiente.

En 630, Mahoma reunió un ejército de 10,000 hombres y regresó a La Meca y tomó la ciudad sin mucho derramamiento de sangre. La mayoría de los Mecanos se convirtieron al Islam, y otros, sabiamente, decidieron no resistirse a este nuevo y poderoso líder religioso y militar. Cuatro personas fueron ejecutadas, incluyendo una mujer que escribió letras satíricas sobre Mahoma. Exigió una promesa de lealtad de los ciudadanos de La Meca a él y a su religión. Mahoma también destruyó los ídolos en el santuario en La Meca (conocida como la Ka'bah) e instituyó las prácticas del Islam en la ciudad santa de La Meca.

Mahoma ahora tenía el control de Medina y La Meca, que era el centro económico y religioso de la Península Arábiga. Luego decidió regresar a Medina, una ciudad que llegó a ser conocida como la "Ciudad del Profeta". Y continuó expandiendo su esfera de influencia política y religiosa en la Península Arábiga durante los siguientes dos años. Estaba en el pináculo de su poder, cuando en 632, murió. Pero en lugar de ser el fin del Islam, comenzó una increíble expansión tanto hacia el este como hacia Persia y hacia el oeste a través del norte de África y hacia España.

Después de la muerte de Mahoma

Cuando Mahoma murió, los musulmanes restantes enfrentaron un desafío. ¿Quién los guiaría? ¿Deberían elegir a una persona para dirigirlos o separarse en muchas comunidades? ¿Quién sería su líder y portavoz?

Los líderes musulmanes eligieron a Abu Bakr (suegro y partidario de Mahoma). Fue elegido para asumir el papel de califa o sucesor de Mahoma. Sin embargo, muchos de los que se sometieron a Mahoma se negaron a aceptar el liderazgo de Abu Bakr. Varias tribus querían la independencia política; algunos intentaron también romper con la religión. El resultado fue lo que se conoce como las Guerras de la Apostasía. Después de dos años de lucha para acabar con las amenazas políticas y religiosas, Abu Bakr extendió su control para incluir a toda la Península Arábiga. El Islam ahora estaba en posición de extender su influencia más allá de Arabia con un gran ejército permanente de creyentes.

Los líderes que emergieron de este período fueron conocidos como califas. Los primeros cuatro califas fueron compañeros de Mahoma. Durante este mismo período, los ejércitos musulmanes comenzaron la conquista del Imperio Persa, al este, tomaron el control de los territorios del norte de África y Siria del Imperio Bizantino. En un período de tiempo bastante corto, el Islam se transformó de una religión de una pequeña ciudad-estado, en la Península Arábiga, en una de las principales religiones del mundo, abarcaba las tierras desde el noroeste de África hasta Asia central.

El tercer califa (cuyo nombre era Uthman y fue el responsable de recopilar las versiones variantes del Corán) fue asesinado por tropas que se amotinaron por cuestiones de pagos y privilegios. Estas tropas y otros en Medina declararon que el nuevo califa sería Ali, (que era un primo de Mahoma que había sido convertido tempranamente al Islam, también era esposo de la hija de Mahoma).

Esto llevó a la división entre dos grandes grupos en el Islam: los Sunitas y los Chiítas. La tradición musulmana Chiíta cree que Mahoma designó a Ali como su sucesor. Ali enfrentó una gran amenaza militar de otros musulmanes, luchó una batalla y más tarde aceptó el arbitraje. Cuando fue asesinado en 661, la mayoría de los musulmanes aceptaron el liderazgo de uno de los califas. Pero la división entre dos sectas del Islam ya estaba establecida. Incluso durante estas guerras civiles, el mundo del Islam continuó expandiéndose y dominando la región. En muchos sentidos, este nuevo estado musulmán se convirtió en el sucesor de los imperios de Roma y Persia. El imperio musulmán se extendió desde España en el oeste hasta la India en el este. En los siglos siguientes, el Islam penetró más profundamente en África y Asia, extendiéndose hasta Filipinas.

Este período fue el comienzo de la edad de oro del Islam, que gestó a algunos de los mejores filósofos y matemáticos del mundo. Bagdad, por ejemplo, tenía una biblioteca inigualable en el mundo y albergaba escritos de Platón y Aristóteles.

También durante este tiempo, estalló el conflicto entre el Islam y el Cristianismo. En 691, la mezquita La Cúpula de la Roca fue erigida en Jerusalén. En 715 se construyó la Gran Mezquita en Damasco. Entonces, para 1095, se inició una serie de Cruzadas en un esfuerzo por reclamar la Tierra Santa a los musulmanes.

Para el siglo X, el poder de los califas se redujo a medida que el poder se desplazaba a los comandantes militares, que a menudo tomaban el título de sultán (que significa autoridad). Gran parte de este liderazgo militar era Turco.

Desde el siglo X hasta el siglo XVI, el tamaño del mundo musulmán casi se duplicó. Esta expansión no se debió tanto a las tierras conquistadas por los militares, sino a los comerciantes nómades y predicadores itinerantes. Durante este tiempo, tambien, se desarrollaron los Maestros de una vida sagrada y espiritual. Esto incluiría la secta del Islam conocida como Sufismo (misticismo).

A partir del siglo XVI, el Islam comenzó a verse afectado por la influencia de las potencias europeas. Con el tiempo, los países europeos colonizaron gran parte del mundo musulmán. Esta situación se mantuvo relativamente sin cambios hasta el final de la Primera Guerra Mundial. Gran parte del mapa de Oriente Medio fue establecido y, posteriormente, muchos de los países musulmanes obtuvieron la independencia política. El descubrimiento y el desarrollo de las vastas reservas de petróleo en muchas tierras musulmanas también trajo independencia económica.

Hoy en día, el Islam es la segunda religión más grande del mundo con aproximadamente 1.600 millones de adherentes en todo el mundo. También es una de las religiones de más rápido crecimiento en el mundo. La religión islámica se puede encontrar en todo el mundo. El Islam ya no es solo una religión del Medio Oriente. En realidad, hay más musulmanes en Asia (60%) que en el mundo árabe (22%) y en África subsahariana (12%). El país con más musulmanes en la actualidad no es un país árabe sino Indonesia en el sudeste asiático.

CAPÍTULO 2 - LAS CREENCIAS DEL ISLAM

Como hay más de mil millones y medio de musulmanes en el mundo, no es sorprendente que las creencias de los musulmanes sean muy diversas. La mayoría de los musulmanes aceptan los siguientes seis artículos religiosos básicos de fe.

La primera creencia básica es que no hay Dios más que Alá. Antes de que Mahoma apareciera en escena, los árabes en esa región eran politeístas. Mahoma enseñó que deberían dedicarse únicamente al Dios principal del panteón cuyo nombre era Alá. Adorar a cualquier otra deidad se considera blasfemia.

El segundo artículo de fe es la creencia en los ángeles y los genios. La creencia musulmana en los ángeles es en muchos aspectos similar a la creencia cristiana. Según el Islam, se cree que dos ángeles acompañan a cada musulmán, uno a la derecha para registrar sus buenas obras, y uno a la izquierda para registrar sus malas acciones. Los genios no son lo mismo que la creencia en los demonios. Los genios son en realidad seres espirituales capaces tanto de acciones buenas como malas. También tienen la capacidad de tomar posesión de los seres humanos.

El tercer artículo es la creencia en los libros sagrados de Dios. Hay 104 libros sagrados que se mencionan en el Corán. Los libros principales incluyen la Ley dada a Moisés, los Salmos dados a David, el Evangelio (o Injil) dado a Jesús, y el Corán dado a Mahoma. El Islam enseña que cada uno de estos comunica el mismo mensaje básico de la voluntad de Dios para el hombre. Pero incluso, una lectura superficial de estos, encontrarás grandes discrepancias entre la Biblia y el Corán. El Islam enseña que estas diferencias surgieron porque la Biblia se corrompió en su transmisión a nosotros.

Los musulmanes también creen en varios profetas de Dios. Si bien creen que hubo muchos profetas, no hay acuerdo en cuanto a cuántos profetas ha habido. Algunos escritores dicen que hubo cientos de miles de profetas. Algunos que son considerados profetas son: Adán, Noé, Abraham, Moisés y Jesús. Todos los musulmanes están de acuerdo en que Mahoma fue el profeta final y supremo de Dios. Se le conoce como el "sello" de los profetas (Sura 33:40). Aunque Mahoma incluso escribe en el Corán que él era un pecador, todavía hay muchos musulmanes en todo el mundo que se acercan a adorarlo.

La predestinación es un quinto artículo de fe. Una expresión frecuente entre los musulmanes es inshallah, que significa "si Alá quiere". Esto es esencialmente una creencia en la predestinación (qadar). Alá es el soberano gobernante del universo. Todo lo que Él quiere se hace realidad.

Alá está dirigiendo el destino de cada individuo de acuerdo con su voluntad divina. Aunque algunos musulmanes han modificado esta doctrina de predestinación en sus enseñanzas, el Corán parece apoyar la idea de que todas las cosas (tanto buenas como malas) son el resultado directo de la voluntad de Dios. Aquellos que concluyen que el Islam es una religión fatalista tienen una buena razón para hacerlo.

Por otro lado, el Corán también enseña que los creyentes deben seguir el camino recto (Sura 1:6). Por lo tanto son responsables de sus acciones. Deben hacer lo que Alá ordena para complacerlo y ser admitido en el paraíso. Los musulmanes deben obedecer los cinco pilares del Islam para lograr esta recompensa.

El último artículo de fe es la creencia en un juicio final. Según el Islam, Alá juzgará las obras de todos los hombres al final de la historia. Aquellos cuyas buenas obras superan sus malas acciones entrarán en el paraíso. Todos los demás serán enviados al infierno. Esencialmente el Islam está orientado a una salvación por las obras, donde las buenas obras de una persona se convierten en el medio para la salvación.

Los Cinco Pilares del Islam

Aunque las creencias de los musulmanes varían, todos creen en lo que se llama los "Cinco Pilares del Islam". Estos proporcionan un resumen preciso de las prácticas de esta religión.

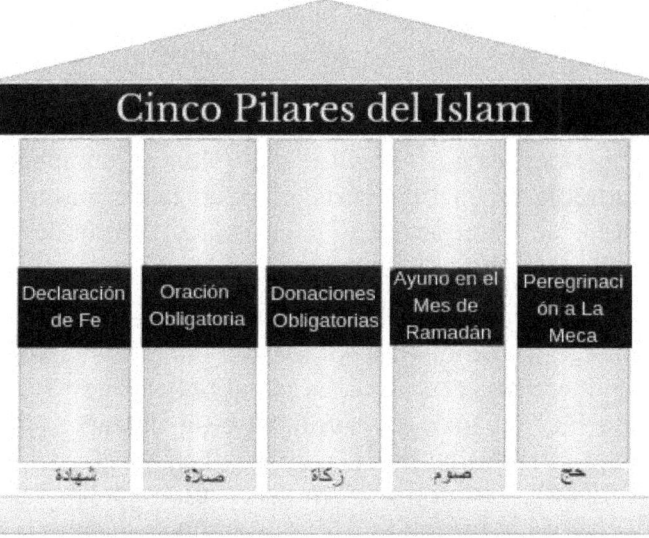

1. *Shahadah*: El primer pilar es la recitación del credo: "No hay más Dios que Alá, y Mahoma es su profeta". Se puede encontrar en muchos pasajes del Corán (Sura 3:81; 5:83-84; 2:255; 3:18; 3:144; 4:87; 7:172; 33:40; 48:29; 64:8).

Esta declaración es la base de todas las demás creencias en el Islam. Es lo que hace que alguien sea musulmán. Estas palabras son susurradas en los oídos de un musulmán al nacer y al morir. Los musulmanes repiten la *Shahadah* en oración (hablado catorce veces al día en las oraciones rituales). Los que se convierten al Islam deben recitar el credo. En general, se cree que debes recitar este credo en presencia de dos testigos para poder convertirse formalmente al Islam. Pero la conversión involucra más que un mero consentimiento intelectual al credo. El musulmán devoto debe unir la creencia (imán) con la práctica (din).

2. *Salat*: El segundo pilar es la práctica diaria de la oración. Las oraciones musulmanas son vocalizadas, ordenadas y direccionales. Pueden hacerse individualmente o en comunidad, pero son requeridas cinco veces al día (alba y amanecer, mediodía y media tarde, media tarde hasta el atardecer, atardecer y crepúsculo, y desde el crepúsculo hasta el amanecer).

Las oraciones diarias deben ser realizadas en árabe, así como el seguidor del Islam debe estar orientado hacia La Meca. Las palabras y los gestos son específicos cuando los musulmanes se alinean en filas ordenadas (Sura 2:3,117; 11:114; 17:78; 20:14,130; 30:17-18). Hombres y mujeres están segregados dentro de la mezquita. Un musulmán se levanta y se arrodilla durante la oración, y estas acciones se llaman rakahs.

La oración central para los musulmanes es la Fatiha, que muchos han comparado con la Oración del Señor en el Cristianismo. Se dice en voz alta, durante los momentos diarios de oración, así como en ocasiones especiales. "En el nombre de Alá, Clemente, Misericordioso, Alabado sea Alá, Señor del Universo, Clemente, Misericordioso; Soberano absoluto del Día del Juicio, Sólo a Ti adoramos y sólo de Ti imploramos ayuda; Guíanos por el sendero recto". (Sura 1: 1-6)

En los países musulmanes y occidentales donde hay una mezquita, un líder de oración sube a la cima del minarete en la mezquita y llama a los creyentes a orar. Él canta en árabe, "Dios es grande. No hay más dios que Alá, y Mahoma es el mensajero de Alá. Ven a la oración. Ven a la oración. Vengan al éxito en esta vida y en el más allá". Dentro de la mezquita, hay agua para la absolución. Antes de la oración, los musulmanes se lavan las manos, los antebrazos, la cara y los pies. También se limpian la nariz y se enjuagan la boca.

3. *Zakat*: el tercer pilar es la limosna que se otorga a los pobres y necesitados dentro de la sociedad (Sura 2:43, 83, 110, 177, 277; 9:60; 103; 24:56; 27:3; 57:7; 59:7; 98:5). Mahoma era huerfano de nacimiento, por lo que estaba profundamente preocupado por los necesitados. Un musulmán debe primero reconocer que todo es propiedad de Alá. El Corán requiere que cada musulmán dé 2.5% de sus ingresos, a los pobres o a la propagación del Islam. Los fondos recaudados se utilizan para construir y apoyar mezquitas, para imprimir el Corán y para el avance del Islam.

4. *Sawm*: El cuarto pilar del Islam es el ayuno durante el mes de Ramadán (Sura 2:183-185). Esto es durante el noveno mes lunar del calendario musulmán. Esto es significativo en el calendario musulmán por dos razones. Primero, este es el momento en que se dice que Mahoma recibió la primera de sus revelaciones de parte de Dios. También es el momento en que él y sus seguidores hicieron su viaje histórico de La Meca a Medina.

Durante este mes, los musulmanes con buena salud deben abstenerse de comer, beber, fumar y tener relaciones sexuales durante el día. En su lugar, los musulmanes deben leer el Corán meditativamente e introspectivamente. El Corán se ha dividido en treinta partes iguales para leer durante este tiempo. Este ayuno de un mes promueve la autodisciplina a los musulmanes, la dependencia de Alá y la compasión por los necesitados. El festival de Eid al-Fitr (rompiendo el ayuno) se celebra al final de Ramadán como un momento de celebración para las personas que se adhirieron al ayuno. Esto incluye visitas, reuniones y comidas.

5. *Hajj*: El quinto pilar es una peregrinación a La Meca que se produce durante el último mes del año musulmán. Todo musulmán sano debe peregrinar a La Meca una vez durante su vida (Sura 2:196-201; 3:97; 22:26-29). Los peregrinos viajan a La Meca, que es la ciudad más sagrada del Islam y el lugar de nacimiento de Mahoma. Solo los musulmanes pueden entrar a La Meca.

El punto focal de La Meca es la Ka'bah, que es un antiguo edificio de piedra (treinta pies de ancho y cuarenta pies de largo). Una piedra negra (se cree que es un meteorito) se encuentra en la esquina. La Ka'bah existía antes de la época de Mahoma. Él enseñó que la adoración, en ese lugar, había sido corrompida y removió los 360 ídolos de la Ka'bah e instituyó el culto musulmán a Alá, en su lugar.

Aquellos que hacen la peregrinación deben rodear la Ka'bah siete veces, correr siete veces entre las dos colinas de La Meca, así como viajar trece millas al lugar donde Mahoma predicó su último sermón y lanzar siete piedras al Diablo en otro sitio. Muchos de estos elementos de la actividad prescrita durante la peregrinación son anteriores al Islam y son de origen pagano.

¿Un Sexto Pilar del Islam?

Muchos musulmanes creen que no hay cinco pilares del Islam sino en realidad seis pilares. Ese sexto pilar es la yihad. Hay más de 100 versos en el Corán que llaman a los musulmanes a librar una guerra de la yihad contra los infieles.

La palabra yihad es en realidad el sustantivo del verbo árabe jahidi, que significa "esforzarse mucho". Este versículo es un ejemplo: ¡Oh, Profeta! Combate a los incrédulos y a los hipócritas, y sé severo con ellos. Su morada será el Infierno. ¡Qué pésimo destino! (Sura 9:73)

Aunque algunos musulmanes entienden que este esfuerzo es meramente intelectual y filosófico, la traducción usual de yihad implica una guerra santa. Esa ha sido la interpretación tradicional desde la época de Mahoma.

Bernard Lewis es profesor de Estudios del Cercano Oriente en la Universidad de Princeton y una autoridad líder en el Islam. Dice que "La interpretación más común, y la de la abrumadora mayoría de los juristas y comentaristas clásicos, presenta la yihad como una lucha armada por el Islam contra los infieles y los apóstatas".[1]

La yihad debía ser librada en el campo de batalla: "Cuando os enfrentéis a los incrédulos, matadles hasta que les sometáis, y entonces apresadles" (Sura 47:4).

---

[1] Bernard Lewis, "Jihad vs. Crusade," *Wall Street Journal*, 27 September 2001.

Considera algunos de estos otros pasajes concernientes a la yihad. Fieles musulmanes realicen la yihad contra los infieles: ¡Oh, creyentes! Combatid a aquellos incrédulos que habitan alrededor vuestro, y que comprueben vuestra severidad. Y sabed que Alá está con los piadosos (Sura 9:123).

Los musulmanes también deben ejecutar la yihad no solo contra los incrédulos, sino también contra aquellos que se han apartado de la fe: "¡Oh, Profeta! Combate a los incrédulos y a los hipócritas, y sé severo con ellos. Su morada será el Infierno. ¡Qué pésimo destino!" (Sura 9:73).

En última instancia, están luchando contra Satanás y sus aliados: "Los creyentes combaten por la causa de Alá. Los incrédulos en cambio, combaten por la del Seductor. Combatid contra los secuaces de Satanás" (Sura 4:76).

A menudo, cuando se citan estos diversos versos acerca del uso de la espada en el Corán, los escépticos se preguntan si estos son solo unos pocos versos aislados o si están citados fuera de contexto. ¿Cómo podemos responder a esta pregunta?

Primero, estos no son pasajes aislados en el Corán, ya que se pueden encontrar en todo el libro. De hecho, hay más de 100 versos que se refieren al uso de la espada, y que abogan por la yihad en el Corán. Muchos de estos versículos se encuentran en Sura 9. Este fue el último capítulo transmitido por Mahoma e ilustra su deseo de usar la espada y otras formas de violencia para difundir el Islam.

Segundo, consideremos el contexto. Mientras que algunos argumentarán que estos versos fueron destinados solo para el tiempo de Mahoma, no hay nada dentro del Corán que justifique tal interpretación. En ninguna parte del Corán hay una restricción, en estos versos, respecto al uso de la espada.

Tercero, estos pasajes son utilizados hoy por los líderes de la guerra de la yihad. Pueden llamar a los verdaderos creyentes a participar en la guerra, el terrorismo, el asesinato o la persecución de los infieles. Por ejemplo, Osama bin Laden citó de Sura 9:14 ("Combatidlos, pues Alá los castigará a través de vuestras manos, les humillará, os concederá el triunfo sobre ellos") en una cinta de video encontrada en Afganistán por el Ejército de los Estados Unidos.

Otros Versos

Si bien el Corán es el libro fundamental en el Islam, también está el Hadiz. Este es una colección de los dichos de Mahoma y se considera el segundo libro más importante en el Islam. En el Hadiz, obtenemos perspectivas adicionales sobre la yihad. Aquí hay cuatro ejemplos:

• "El apóstol de Alá dijo: Sepan que el paraíso está bajo la sombra de las espadas". - Hadiz 4:55

• "El apóstol de Alá dijo: Me han ordenado pelear con la gente hasta que digan: Nadie tiene derecho a ser adorado, sino Alá, y quienquiera que diga: Nadie tiene derecho a ser adorado sino Alá, su vida y propiedad será salvada por los hombres". - Hadiz 4:125

• "No es apropiado para un profeta que tenga prisioneros de guerra [y los libere con rescate] hasta que haya hecho una gran masacre [entre sus enemigos] en la tierra". - Hadiz 4:161

- "Quien haya cambiado su religión islámica, entonces mátalo". - Hadiz 9:45

Martirio y Bombarderos Suicidas

En el Islam, un mártir se llama *shaheed* (es decir, testigo). El concepto de shaheed no se encuentra en el Corán, pero se puede encontrar un debate en el Hadiz.

Los musulmanes que mueren en una guerra santa (*jihad bis saif*) son generalmente considerados mártires en el Islam. Esto sería diferente a un bombardero suicida. Algunos musulmanes considerarían a un bombardero suicida como un mártir, pero otros musulmanes no los considerarían un mártir ya que en el Islam hay estrictas advertencias contra el suicidio. Estos musulmanes considerarían tales acciones como contrarias a las enseñanzas de Mahoma.

El Corán enseña que aquellos que mueren en una guerra santa contra los infieles serán admitidos en el paraíso (Sura 47:4-6) porque Alá no olvidará sus acciones. El Hadiz expande esto, promueve el martirio y promete recompensas en el cielo.

Las Grandes Divisiones del Islam

El Islam no es un sistema monolítico. Aunque todos los musulmanes se inspiran en Mahoma y las enseñanzas del Corán, hay muchos grupos y movimientos identificables dentro del Islam.

La división más significativa es entre sunitas y chiítas. Los sunitas comprenden entre el ochenta y el noventa por ciento de todos los musulmanes. Obtienen su nombre del hecho de que miran tanto al Corán como a la "Sunna" para establecer una conducta musulmana adecuada. La Sunna es una colección de enseñanzas, el comportamiento o ejemplos de Mahoma y de la comunidad musulmana primitiva. Hay muchas subdivisiones entre los sunitas, pero todas se identifican como sunitas.

Los sunitas actualmente controlan las ciudades santas de La Meca y Medina. Se adhieren a los cinco pilares del Islam y toman una posición firme sobre el sucesor de Mahoma. Creen que el sucesor debe ser un hombre de la tribu Quraysh. Este líder será el califa que gobernará el Islam y brindará orientación teológica a todos los musulmanes, incluida la interpretación de la ley sharia. Estos califas han gobernado continuamente hasta la caída del Imperio Otomano.

El otro grupo importante de musulmanes son los chiítas. Ellos comprenden alrededor del diez por ciento de todos los musulmanes. Ellos residen principalmente en el sur de Irak y en Irán. La palabra shiita significa "partidista" y se refiere al hecho de que los chiítas son "partidarios de Ali". Como sabemos, Ali era el yerno y primo de Mahoma y uno de los primeros califas. Los chiítas aseguran que el líder del Islam debería ser un descendiente de Ali, quienes, ellos creen, poseen una unción divina especial para esta tarea. Los líderes musulmanes seleccionaron a

Abu Bakr como el primer califa. En cambio, Ali fue seleccionado como el cuarto califa, pero los chiítas lo consideran el primer imán.

Cuando surgieron conflictos, Ali fue asesinado. Su cuerpo está enterrado en Irak y se ha convertido en un gran santuario chiíta. Según la enseñanza chiíta, la peregrinación a este santuario proporciona perdón por los pecados presentes y pasados.

Los chiítas son mayoría en solo unos pocos países musulmanes (Irán, Irak, Azerbaiyán y Baréin). Hay varias sectas de chiítas que incluyen una rama conocida como "Twelvers". Creen en doce imanes que vincularon a Dios y al hombre después de la muerte de Mahoma. El primer imán fue Ali, y el duodécimo fue Mahdi. Según los Twelvers, Mahdi fue llevado por Dios para esconderlo de sus enemigos en 870. También creen que el niño nunca murió y que volverá a la tierra trayendo justicia al final de los días. Hasta su regreso, los chiítas creen que un ayatolá puede gobernar en su lugar. También creen que el ayatolá es infalible. Ha habido varios ayatolás en el país chií de Irán.

Hay algunas otras diferencias entre los sunitas y los chiítas. Por ejemplo,

Los chiítas difieren de los sunitas en la forma en que sostienen sus manos durante la oración. Los chiítas también conmemoran la muerte del tercer imán, Hussein, quien fue decapitado por el ejército suní en 680. Algunos de los peregrinos chiítas visitan su santuario y hombres vestidos de blanco se golpean hasta que sangran como penitencia para quienes lo dejaron ser asesinado.

Parte de la violencia entre sunitas y chiítas en Irak surgió después de la primera Guerra del Golfo. Los Estados Unidos alentaron a los chiítas a levantarse contra Saddam Hussein y los sunitas. Saddam tomó represalias erradicando distritos enteros. Los chiítas creen que necesitan vidificarse contra la minoría sunita que los oprimió.

Un tercer grupo de musulmanes son los sufíes. Buscan una experiencia mística de Dios, en lugar de un mero conocimiento intelectual de Él, también se les atribuye una serie de prácticas supersticiosas.

Los musulmanes sufíes son los místicos en el Islam. Creen que el alma puede elevarse a Alá durante la oración y otros ejercicios espirituales. Aunque también leen el Corán, lo leen de una forma diferente a la de otros musulmanes. Creen que es una alegoría de la unión de nuestra alma con Alá. Ellos, por lo tanto, siguen un camino interno (tariqa) en su fe.

La palabra "sufi" significa pureza y proviene del hecho de que los primeros sufíes se vistieron de blanco y se retiraron de la sociedad para practicar su estilo de vida ascético. Usan varios ejercicios espirituales en un intento de experimentar a Dios directamente. Tal vez el ejemplo más conocido de sufíes sean los "derviches giradores" que giran y repiten el nombre de Alá mientras bailan.

Musulmanes Wahabíes

El wahabismo es un movimiento dentro del Islam sunita que fue fundado en el siglo XVIII por Muhammad ibn 'Abd al-Wahhab, quien estableció una forma de literalismo musulmán que florece hoy en Arabia Saudita. Él y sus seguidores intentaban purificar el Islam y devolverlo a sus raíces musulmana siguiendo la interpretación literal del Corán. Wahhab luchó agresivamente por la pureza dentro del Islam quemando libros, destruyendo los lugares sagrados musulmanes y matando a los musulmanes que no estaban de acuerdo con él.

La influencia del wahabismo en los saudíes fue el medio para que esta secta del Islam obtuviera atención nacional e internacional. Cuando las fuerzas sauditas conquistaron Arabia en 1925, tomaron el control de las dos ciudades más santas del Islam: La Meca y Medina. Esto les proporcionó una sólida plataforma religiosa debido a las peregrinaciones a La Meca cada año.

El dinero del petróleo de Arabia Saudita proporcionó la plataforma financiera. El wahabismo se convirtió en la "doctrina oficial, forzada por el estado, de uno de los gobiernos más influyentes de todo el Islam". El dinero del petróleo saudí ayudó a financiar la propagación de sus puntos de vista en el país y en el extranjero.

¿Cuán influyente es el wahabismo? Fue la principal influencia en Osama bin Laden y todos los secuestradores del 11 de septiembre. También fue influyente en la teología de los talibanes en Afganistán. Bernard Lewis usa esta analogía para ilustrar la influencia del wahabismo. Él dice, imagina que los Ku Klux Klan o un grupo similar tomaran el control de Texas y su petróleo. Luego imagina lo que podrían hacer con este dinero para propagar su versión de "cristianismo" a través de escuelas y colegios con abundante propaganda en libros de historia y videos.[2]

Durante la ocupación soviética de Afganistán, los soldados wahabíes lucharon contra los soviéticos, en Afganistán, en la década de 1980, con el apoyo de los Estados Unidos. Allí, los wahabíes se vincularon con seguidores radicales de Sayyid Qutb. Un comentarista dijo que la alianza era como "mezclar nitroglicerina en una licuadora". El resultado fue una cepa más violenta del wahabismo, que tenía como énfasis llevar la lucha a los forasteros (por ejemplo, los infieles y Occidente).

El Significado de La Meca

La Meca es la ciudad más sagrada dentro de la religión del Islam y es el lugar donde se encuentra la Mezquita Sagrada (al-Masjid al-Haram). De hecho, La Meca se considera tan sagrada que a los no musulmanes no se les permite entrar a la ciudad. Se considera sagrada porque es el lugar de nacimiento de Mahoma y el lugar donde comenzó a enseñar el Corán.

El Corán también enseña que es el lugar donde se suponía que Abraham debía sacrificar a Ismael. Esta enseñanza es contraria a la enseñanza bíblica ya que se suponía que él debía sacrificar a Isaac en el Monte Moriah.

La Meca es también el objeto de la oración de cada musulmán. Cada día, más de mil millones de

---

[2] Bernard Lewis, *The Crisis of Islam: Holy War and the Unholy Terror* (NY: The Modern Library, 2003), 129.

musulmanes rezan cinco veces y deben estar orientados hacia La Meca. A todos los musulmanes se les manda hacer una peregrinación una vez durante su vida, si tienen salud y condiciones financieras para hacerlo.

La Ka'bah es un pequeño edificio cúbico dentro de la Mezquita Sagrada. Los musulmanes afirman que Abraham construyó la Ka'bah. Incluso antes del nacimiento de Mahoma, las actividades religiosas tuvieron lugar en la Ka'bah. Fue un santuario y centro de comercio para muchas generaciones. Cuando Mahoma regresó a La Meca, quitó los ídolos religiosos de la Ka'bah y lo dedicó como centro de adoración.

Los musulmanes se reúnen para su peregrinación a La Meca (conocida como el Hajj) durante el mes de Dhu al-Hijjah. El enfoque principal es la Ka'bah. Mientras están allí, los peregrinos deben rodear la Ka'bah siete veces. Muchos intentarán besar o tocar su piedra angular.

Los peregrinos también beben del pozo de Zamzam y a menudo traen de vuelta una botella de esta agua. El agua supuestamente tiene propiedades especiales y beneficios para la salud.

También viajan a un pequeño pueblo donde hay columnas de piedra que simbolizan al Diablo. Tiran piedras a estas columnas. También viajan a la colina de Arafat para rezar. Este es el sitio tradicional del sermón de despedida de Mahoma.

CAPÍTULO 3 - LA TEOLOGÍA DEL ISLAM

El Islam involucra tanto la doctrina (creencias) como los deberes (práctica). Los musulmanes deben creer y actuar de acuerdo con la revelación dada a Mahoma y escrita en el Corán. Deben hacer esto como un acto de sumisión a la voluntad de Alá. Después de todo, la palabra *Islam* significa "*sumisión*" y la palabra *musulmán* describe a alguien que se somete.

La teología básica del Islam, por lo tanto, se puede encontrar principalmente dentro del Corán porque es el texto religioso fundacional del Islam. El Islam enseña que el Corán contiene las palabras de Alá, y la "madre del libro" (Umm al-Kitab) está en el cielo con Alá (13:39; 43:3-4; 85:21-23). Se compone de las revelaciones a Mahoma durante un período de veintitrés años y fue compilado más tarde en los años 646-650 a partir de materiales escritos por Mahoma antes de su muerte en 632. Los musulmanes lo consideran como la revelación final de Alá a la humanidad.

La palabra árabe Corán es la forma sustantiva del verbo árabe qara'a, que significa "recitar". Cuando el ángel Gabriel apareció, le ordenó a Mahoma recitar, en voz alta, tres veces, el nombre de Alá. Sura 12:2 dice: "Y ciertamente lo hemos revelado en idioma árabe para que reflexionéis". El Corán es la colección de esas recitaciones reveladas a Mahoma en árabe. Los musulmanes creen que solo el Corán en árabe es la verdadera revelación. Por lo tanto, la única forma de entender la revelación es en el idioma árabe original. Por esa razón, una traducción al inglés del Corán se considera simplemente una interpretación y no se considera un verdadero Corán. Pueden ser útiles para uso personal, pero no tienen peso en ningún debate o discusión religiosa.

El Corán consta de 114 capítulos (o suras) que incluyen 6,616 versos (ayas). De estos capítulos, 86 fueron escritos en La Meca y 28 en Medina. El Corán es aproximadamente 1/3 del tamaño de la Biblia. A diferencia de la Biblia, el Corán no está en orden cronológico. Con la excepción del primer capítulo, el resto de los capítulos se ordenan con los capítulos más largos primero. Como resultado, el Corán está casi en orden cronológico inverso. Eso ha hecho que algunos sugieran que podría leerse de atrás hacia adelante para comprender la progresión de la revelación.

Al igual que la Biblia, el Corán afirma ser una inspiración divina. El Islam enseña que el Corán es una copia, palabra por palabra, de la revelación final de Dios supuestamente enviada desde el cielo durante el mes de Ramadán, durante la noche del poder (Sura 17:85). Esto fue revelado, supuestamente, a Mahoma a través del ángel Gabriel (Sura 25:32).

Los musulmanes creen que el Corán fue divinamente revelado en su estado actual sin corrupción. Así, el islam no permite la crítica literaria ni la crítica histórica. En esencia, el Corán está para ser leído y memorizado, pero no para ser cuestionado. (Sura 5:101)

Los musulmanes muestran un gran respeto por el Corán porque creen que es la revelación perfecta de Alá. Por ejemplo, besarán el libro e incluso lo pondran en su frente. Y también guardarán el Corán en el estante más alto de su casa.

La transmisión del Corán es bastante simple. Después de la muerte de Mahoma, el califa Abu Bakr recopiló las recitaciones en un documento basado en la memorización de los compañeros de Mahoma. Más tarde (en 652), el califa Uthman estableció la versión autorizada del Corán y quemó todas las demás versiones en conflicto.

Además del Corán, está el Hadiz que proporciona una narración de la vida de Mahoma y es importante para determinar la Sunna o la forma de vida musulmana. El Hadiz es una colección de: (1) lo que Mahoma dijo (qawl), (2) lo que Mahoma hizo (fi'l), y (3) lo que Mahoma aprobó (taqrir). Estos pasajes proporcionan una guía sobre cómo los musulmanes deben vivir y comportarse. Mahoma es el ejemplo que debe seguir todo musulmán fiel.

Una creencia fundamental en el Islam es que la humanidad a menudo puede ser desviada y que los seres humanos pueden olvidarse de Dios. Entonces, Mahoma enseñó que Dios envió a varios profetas (como Moisés y Jesús) para traer revelación fresca de Dios.

Sin embargo, Mahoma también enseñó que estas diversas revelaciones se habían perdido o corrompido. Si bien la mayoría de los musulmanes respetan la Biblia, también creen que la Biblia ha sido corrompida en su transmisión. Ellos creen que solo el

Corán ha sido perfectamente transmitido a nosotros. Es la palabra auténtica y autoritaria de Alá.

El Corán y la Biblia

Tanto la Biblia como el Corán afirman ser una revelación divina. Y ambos libros afirman haber sido preservados con precisión a través de los siglos. Pero el Islam tiene un argumento muy fuerte para esa preservación. Por ejemplo, si realizas un recorrido por un centro islámico, el guía te dirá que la copia actual del Corán contiene las palabras exactas que Mahoma dio a sus seguidores sin ningún error.

En contraste, los cristianos no hacen la misma afirmación radical con respecto a la Biblia. Si bien afirman que los manuscritos originales de la Biblia son sin error, no hacen la misma afirmación musulmana sobre la transmisión perfecta de la Biblia. Pueden creer que la transmisión ha sido extremadamente precisa, pero no harán una afirmación similar a lo que muchos musulmanes afirman sobre el Corán.

La Biblia y el Corán no están de acuerdo entre sí en temas importantes. Los dos libros tienen afirmaciones contradictorias sobre Dios, Jesús, la salvación y la historia bíblica. Ambas afirmaciones no pueden ser ciertas. Ambas pueden ser falsas, pero no pueden ser ambas verdaderas porque la información se contradice entre sí.

El Islam resuelve este dilema enseñando que los judíos y los cristianos corrompieron la Biblia. Esta es la doctrina de tahrif, que es la palabra árabe para la corrupción. Esa es su explicación de por qué el Corán y la Biblia no están de acuerdo. Ellos creen que la

Gente del Libro, es decir, los cristianos y judíos, han corrompido la Biblia.

Hay un problema con esta opinión: el Corán dice muchas cosas positivas y complementarias sobre la Biblia. Sura 5:44 dice: "Hemos revelado la Torá. En ella hay guía y luz". El versículo 46 continúa diciendo: "E hicimos que les sucediera [a los Profetas de los Hijos de Israel] Jesús hijo de María, para que confirmase lo que ya había en la Torá. Le revelamos el Evangelio en el que hay guía y luz, como corroboración de lo que ya había en la Torá".

El Corán (5:68) tiene esto que decir acerca de los judíos y los cristianos: "Di: ¡Oh, Gente del Libro! No tendréis fundamento alguno mientras no observéis la Torá, el Evangelio y lo que os ha sido revelado por vuestro Señor".

Alá le dice a Mahoma que considere la revelación previa a judíos y cristianos: "Si tenéis dudas sobre lo que me ha sido revelado, preguntadles a quienes podían leer la revelación que me precedió. Sura 29:46, "No discutáis con la Gente del Libro [acerca de vuestra fe] sino de buen modo".

Es importante tener en cuenta que en los primeros días del Islam, la Biblia se tuvo en mayor consideración que más tarde en su historia. Mahoma enseñó que su revelación fue la culminación de otra revelación proporcionada por profetas como Moisés y Jesús. Por lo tanto, animó a otros a leer y aprender de estas revelaciones anteriores. Sólo más tarde los musulmanes comenzaron a enseñar que estas fueron corrompidas.

Considera el problema lógico que esto crea. Por un lado, el Corán llama a la Biblia, la "palabra de Dios" (Sura 6:115). Pero, por otro lado, los musulmanes argumentan que el Antiguo y el Nuevo Testamento han sido corrompidos y sostienen que un evangelio perdido de Jesús ha sido reemplazado por Mateo, Marcos, Lucas y Juan.

Aquí está el problema con esta perspectiva. Primero, el Corán llama a la Biblia la palabra de Dios y reconoce que es una revelación divina. Segundo, también enseña que Jesús fue un profeta y que su enseñanza tenía autoridad. Finalmente, Mahoma les dijo a los musulmanes que fueran a los cristianos (que habían estado leyendo la Biblia) para afirmar el mensaje de Mahoma (Sura 10:94).

Por lo tanto, parece que Mahoma creía que la Biblia que existía en el siglo VII era precisa. Y la Biblia que tenemos en nuestras manos hoy es la misma Biblia que existía en el siglo VII. Entonces, si la Biblia en el tiempo de Mahoma era precisa, ¿por qué no es exacta, la copia que tenemos, el día de hoy? Este es el problema con los musulmanes que sostienen que la Biblia ha sido corrompida.

Por el contrario, el Corán sufre de omisiones textuales e incluso errores. Desde el momento de la muerte de Mahoma hasta el momento en que se compiló el Corán, parte de lo que Mahoma habló se perdió debido a la muerte de sus compañeros que habían memorizado pasajes específicos. Y más tarde, cuando aparecieron varias versiones del Corán, hubo una gran controversia entre los musulmanes. El califa Uthman le ordenó a Zaid bin Thabit que recolectara todas las copias en uso, creara una versión estándar y destruyera el resto.

Contradicciones Entre la Biblia y el Corán

La Biblia y el Corán se contradicen entre sí en muchos temas. Aquí hay algunos ejemplos:

• El Corán enseña (Sura 5:116) que los cristianos adoran a tres dioses: el Padre, la Madre (María) y el Hijo (Jesús). Pero la Biblia realmente enseña que hay un solo Dios en tres personas (la Trinidad).

• El Corán dice (Sura 37:100-111) que Abraham iba a sacrificar a Ismael, mientras que la Biblia enseña que Abraham iba a sacrificar a Isaac.

• El Corán enseña (Sura 4: 157) que Jesús no fue crucificado. La Biblia enseña que Jesucristo fue crucificado en una cruz.

• Muchas de las declaraciones en el Corán también están en desacuerdo con los hechos históricos que pueden verificarse a través de los reportes históricos.

• El Corán dice (Sura 20:85-97) que los samaritanos engañaron a los israelitas en el Éxodo y fueron los que construyeron el becerro de oro. Para el registro, la palabra *samaritano* ni siquiera se usó hasta 722 a.C. y es varios cientos de años después del Éxodo.

• El Corán también afirma (Sura 18:89-98) que Alejandro Magno era un musulmán que adoraba a Alá. Alejandro vivió del 356 a.C. al 323 a.C. cientos de años antes de que Mahoma proclamara su revelación la cual se convirtió en la religión del Islam.

Monoteísmo Islámico

La doctrina más fundamental en el Islam es el monoteísmo. Esta doctrina está encapsulada en el credo: "No hay más dios que Alá, y Mahoma es el profeta de Alá." Y no solo es un credo, sino que también es una declaración de fe que se escucha habitualmente en los labios de cada musulmán fiel. Es el credo por el cual todos los musulmanes son llamados a la oración cinco veces al día.

Alá es el nombre del Dios del Islam. Y es importante notar que este nombre para Dios era conocido incluso antes del comienzo del Islam. De hecho, el propio padre de Mahoma llevaba el nombre de Abd-Allah. Antes de la época de Mahoma, las tribus en la Península Arábiga adoraban a muchos dioses. Mahoma enseñó que había un solo Dios verdadero. Alá significa literalmente "el Dios". Él es uno y trascendente. Mahoma proclamó que todas las otras deidades que se adoraban en ese tiempo no eran dignas de ser adoradas como seres divinos.

El Corán proporciona la identidad y el carácter de Alá. El primer capítulo del Corán se conoce como la Fatiha o "apertura". Resume la creencia fundamental de los musulmanes sobre Alá. Según el pasaje, él es muy clemente y misericordioso, el sustentador del mundo y maestro del Día del Juicio. Por lo tanto, debe ser adorado (Sura 1:1-7). Y en un capítulo cerca del final del Corán (Sura 112), dice: "Él es Alá, la única divinidad. Alá es el Absoluto [de

Quien todos necesitan, y Él no necesita de nadie]. No engendró, ni fue engendrado. No hay nada ni nadie que se asemeje a Él".

Este pasaje (junto con otros en el Corán) enseña la unidad absoluta y la soberanía de Alá. La unicidad de Dios, excluye cualquier naturaleza plural a Dios. No hay igual a Alá. Él es el único Dios en los cielos, y por lo tanto, la única deidad que vale la pena adorar y obedecer.

El Corán enseña que se puede encontrar evidencia de Alá en la creación. Hay más de ochenta pasajes en el Corán que describen las maravillas de la naturaleza. Todos estos apuntan a la existencia de un Dios que creó los cielos y la tierra. De hecho, el Corán enseña (Sura 45:3-4) que podemos usar la lógica y la razón para determinar que Dios existe porque Él se ha manifestado a través de la creación.

El Corán también enseña que la creación puede proporcionar argumentos teológicos para la existencia de Dios y la falsedad de otras deidades. Aquí están algunos ejemplos:

- Dios está unido a su creación (Sura 6:96-100).
- El politeísmo y el ateísmo son contrarios a la razón (Sura 23).
- El dualismo es autodestructivo (Sura 21:22).

Debido a este fuerte énfasis en el monoteísmo, los musulmanes rechazan la idea de que Dios podría ser más de una persona o que Dios podría tener un compañero. El Corán enseña la unidad de Dios (*tawhid*). Alá es un solo Dios y el mismo Dios para todas las personas. Cualquiera que no crea esto es culpable del pecado de *Shirk* (la palabra shirk en árabe significa atribuir un compañero o rival a Alá.) Este es el pecado por excelencia en el Islam (Sura 4:48).

Según el Islam, Dios no puede tener un compañero y no puede ser unido en la Trinidad con otras personas. Los musulmanes, por lo tanto, rechazan la idea cristiana de la Trinidad.

Los musulmanes también difieren de los cristianos en su comprensión de la naturaleza y el carácter de Dios. El Dios de la Biblia es conocible. Jesús vino al mundo para que podamos conocer a Dios (Juan 17:3).

El Islam enseña una visión muy diferente de Dios. Alá es trascendente y distante. Él está separado de su creación. Él es exaltado y está muy alejado de la humanidad. Si bien podemos conocer su voluntad, no podemos conocerlo personalmente. De hecho, hay muy poco escrito sobre el carácter de Dios. Alá es el creador y sustentador de la creación, pero también es incognoscible. Ninguna persona puede, personalmente, conocer y tener una relación con Alá. En cambio, los humanos deben estar en total sumisión a la voluntad de Alá.

Además, Alá no entra personalmente en la historia humana. En cambio, trata con el mundo a través de Su palabra (el Corán), a través de Sus profetas (como Mahoma) y a través de los ángeles (como Gabriel).

Si le pides a un musulmán que describa a Alá, lo más probable es que te reciten un pasaje clave que enumera algunos de los nombres de Dios (Sura 59).

El Corán requiere que Dios sea llamado por estos "bellos nombres". Este pasaje lo describe como: Clemente, Misericordioso, El Soberano, El Santo, El Guardián de la Fe, El Conservador de la Seguridad, El Exaltado en Poder, etc.

Un musulmán también hablará sobre "los noventa y nueve nombres de Alá". Según la tradición, Mahoma dijo que memorizar y decir estos noventa y nueve nombres de Dios ayudarán, a un musulmán, a entrar en el paraíso. Muchos musulmanes incluso usan la oración para ayudarles a mantener un registro de los diversos nombres de Dios.

La perspectiva musulmana sobre el amor de Dios también es muy diferente de la visión cristiana. Crucial para los cristianos, es la creencia de que "Dios amó tanto al mundo" (Juan 3:16).

En contraste, los musulmanes crecen escuchando a todas las personas que Alá no ama:

• "Porque Alá no ama a los transgresores" (Sura 2:190).

• "Alá no ama a los impíos y pecadores" (Sura 2: 276).

• "Alá no ama a los incrédulos" (Sura 3:32).

• "Porque Alá no ama a los malhechores" (Sura 3:57).

• "Alá no ama a los hombres arrogantes y jactanciosos" (Sura 4:36).

Creencia Musulmana Sobre Mahoma

Los cristianos frecuentemente cometen el error de asumir que Mahoma tiene esencialmente el mismo rol en el Islam que Jesús tiene en el cristianismo. Esto no es verdad. Los musulmanes ven a Mahoma como un mensajero, mientras que los cristianos ven a Jesús como el *mensaje* o la Palabra (Juan 1:1).

Los musulmanes creen que Mahoma es el último profeta de Alá. Se le conoce como el "sello de los profetas" (Sura 33:40). Pero mientras es venerado como el más grande de los profetas, la mayoría de los musulmanes no enseñan que no fue pecador. El Corán no afirma que no tuvo pecados, y hay pasajes que enseñan que Mahoma era un hombre como nosotros (Sura 18:110) y que Alá le dijo a Mahoma que debía arrepentirse de sus pecados (Sura 40:55). Esto difiere de la enseñanza cristiana de que Jesucristo vivió una vida perfecta y sin pecado (2 Co. 5:21).

Pero incluso si los musulmanes no ven a Mahoma sin pecados, sí enseñan que su vida debe ser un ejemplo de cómo deben actuar. Las acciones de Mahoma (conocida como la Sunna) proporcionan un camino claro para el comportamiento de los musulmanes. Un erudito musulmán dijo: "Saber que la clave de la felicidad es seguir la Sunna e imitar al Mensajero de Dios en todas sus idas y venidas, su movimiento y descanso, su forma de comer, su actitud, su sueño y su conversación."[3]

---

[3] Annemarie Schimmel and Abdoldjavad Falaturi, *We Believe in One God* (New York: The Seabury Press, 1979), 31.

Toda acción de Mahoma debe ser imitada por los musulmanes. Su vida es un modelo para los creyentes. De hecho, algunos musulmanes incluso evitan comer alimentos que Mahoma evitó o nunca pudo comer.

Mahoma es tan venerado por los musulmanes que no se permite ningún ataque sobre él o incluso a su imagen (por ejemplo, a través de una caricatura). William Cantrell Smith señala que "los musulmanes permitirán ataques contra Alá: hay ateos y publicaciones ateístas, y sociedades racionalistas; pero menospreciar a Mahoma provocará, incluso de las secciones más "liberales" de la comunidad, un fanatismo de ardiente vehemencia."[4]

El Corán y Jesús

Los musulmanes a veces acusan a los cristianos de elevar a Jesús a un nivel inapropiado de honor y adoración. El Corán enseña que Jesús fue solo un profeta para los judíos. También enseña que Jesús promovió la venida de Mahoma, quien es venerado como el sello de los profetas.

Mahoma originalmente se presentó a sí mismo como el último de los profetas y mostró reverencia por la "gente del libro". Por lo tanto, los musulmanes creen muchas de las mismas cosas acerca de Jesús como lo hacen los cristianos:

• El Corán se refiere a Jesús como "el Mesías" o "el Cristo" (Sura 4: 157). También lo llama "la palabra

---

[4] Ibid., 35.

de Dios" (Sura 3:45). También se le llama un "espíritu" de Dios (Sura 4: 171) y una "señal" (Sura 23:50).

• El Corán también enseña que Jesús nació de la virgen María. También dice que Jesús realizó muchos milagros, incluso resucitar personas de entre los muertos.

• El Corán también afirma que Jesús está vivo hoy. Muchos musulmanes incluso creen que Él volverá a la tierra.

Aunque los musulmanes comparten algunas creencias cristianas sobre Jesús, hay dos puntos de desacuerdo que significan un mundo de diferencia entre el Islam y el cristianismo: la muerte y la deidad de Cristo.

Los musulmanes niegan que Jesús fue crucificado en la cruz. Basan esto en este pasaje en el Corán que habla sobre lo que los judíos le hicieron a Jesús:

> Y dijeron: "Hemos matado al Mesías, Jesús hijo de María, el Mensajero de Alá. Pero no le mataron ni le crucificaron, sino que se les hizo confundir con otro a quien mataron en su lugar. Quienes discrepan sobre él tienen dudas al respecto. No tienen conocimiento certero sino que siguen suposiciones, y ciertamente no lo mataron. Alá lo ascendió al cielo [en cuerpo y alma]. Alá es Poderoso, Sabio" (Sura 4:157-158).

Los musulmanes han llegado a varias conclusiones sobre lo que esto significa. Tal vez Judas fue crucificado por error en la cruz. Tal vez un discípulo se ofreció a morir en la cruz. Tal vez Dios transpuso la semejanza de Jesús en alguna pobre alma. Se han hecho varias sugerencias, pero todas apuntan a una conclusión: Jesús NO murió en la cruz.

Los musulmanes creen que Jesús nunca murió en la cruz, en parte, porque no pueden creer que un gran profeta de Dios moriría una muerte vergonzosa. Como la crucifixión era una forma humillante de morir, creen que Dios debe haber intervenido para que Jesús no tuviera que sufrir de esta manera.

También rechazan la muerte de Cristo en la cruz porque rechazan la idea cristiana del pecado original y el pecado humano. Según el Islam, cada persona es responsable de sus acciones, y nadie más debería tener que pagar por sus errores. No hay necesidad de que Jesús muera en la cruz por nuestros pecados. No hay necesidad de esa expiación. De hecho, muchos musulmanes realmente afirman que la teología de la expiación se interpuso en el cristianismo y ha corrompido el mensaje original de la salvación de Dios.

Los musulmanes no solo niegan la muerte de Cristo, sino que también niegan la deidad de Cristo. Mientras que lo respetan como uno de los grandes profetas, rechazan la idea cristiana de que Jesús era Dios. Rechazan la doctrina bíblica de la Trinidad y reinterpretan cualquier pasaje bíblico que pueda sugerir que Jesús y Dios son lo mismo. El Corán enseña que es una blasfemia equiparar a Jesús con Dios:

> Son incrédulos quienes dicen: "Alá es el Mesías hijo de María". El

mismo Mesías dijo: "¡Oh, Hijos de Israel! Adorad a Alá, pues Él es mi Señor y el vuestro". A quien atribuya copartícipes a Alá, Él le vedará el Paraíso y su morada será el Infierno...El Mesías hijo de María es sólo un Mensajero, igual que los otros Mensajeros que le precedieron, y su madre fue una fiel y veraz creyente. Ambos comían alimentos [como el resto de la humanidad]. Observa cómo les explicamos las evidencias y observa cómo [a pesar de esto] se desvían (Sura 5:72, 75).

El Corán también enseña que los cristianos que "llaman a Cristo el Hijo de Dios" enfrentarán el juicio porque "la maldición de Alá" estará sobre ellos (Sura 9:30).

Entonces, se puede decir que cualquiera que acepte la doctrina fundamental del Cristianismo (Jesús es Dios) es culpable del único pecado imperdonable dentro del Islam. Esencialmente, el Corán enseña que Dios perdonará cualquier pecado, excepto el pecado de idolatría (conocido como *shirk*). Los cristianos son culpables del único pecado que Alá no perdonará.

En contraste, el Cristianismo enseña que somos salvos al creer en Jesús como el Hijo de Dios. "Y el testimonio es éste: que Dios nos ha dado vida eterna, y esta vida está en su Hijo. El que tiene al Hijo tiene la vida, y el que no tiene al Hijo de Dios, no tiene la vida" (1 Juan 5: 11-12).

Jesús afirmó ser Dios, el Mesías y el camino a Dios (Marcos 14:61-62; Juan 10:30; 14:6-9). También permitió que otros lo adoraran (Mateo 14:33; 28:9; también Hechos 10:25-26; 14:12-15). Jesús reclamó el poder sobre el Sabbath (Mat. 12:8), y reclamó el poder para perdonar los pecados (Mat. 9:6; Marcos 2:5-10).

Los Profetas

El Corán enseña que ha habido muchos profetas en el pasado antes de Mahoma (Sura 2:38, 177, 252, 285; 4:80, 164; 17:70; 18:110; 33:40). En realidad, menciona a veinticinco profetas por nombre, aunque la tradición islámica sugiere que hubo más de 100,000 profetas. Mahoma es el "sello" de los profetas (Sura 33:40) y el "portador de buenas nuevas" (Sura 33:45-46).

Jesús es mencionado 97 veces en el Corán. Y el Corán enfatiza que los mensajes de Moisés y Jesús son los mismos mensajes de Mohama (Sura 2:136). El Corán enseña que los profetas son hombres justos que traen la Palabra de Dios. Están libres de todos los vicios y, por lo tanto, son usados por Dios para entregar Su mensaje. Los musulmanes frecuentemente repiten las palabras "alabado sea él" después del nombre de cada profeta, incluyendo a Jesús. Dentro del Corán, Jesús recibe un alto honor, pero no es considerado el Hijo de Dios.

Ángeles

Según el Corán, los ángeles cumplen las órdenes de Alá (Sura 2:285; 6:100; 34:40-41; 46:29-32; 2:1-28). El ángel más prominente en el Corán es Gabriel porque él es el que, supuestamente, se apareció a Mahoma y proporcionó la revelación. Miguel es otro ángel mencionado en el Corán. Él es el guardián de los judíos.

El Corán también enseña que los ángeles están para nuestra protección: "Somos sus protectores en esta vida y en el más allá" (Sura 41:31; 82:10-12). El Hadiz enseña que se asignan dos ángeles a cada persona al nacer: uno registra las buenas obras, el otro las malas. Ellos darán cuenta de las acciones de cada individuo en el Día del Juicio.

El Islam también enseña que hay genios. Son criaturas invisibles y capaces de actuar con libre albedrío. Al igual que los seres humanos, tienen la capacidad de ser buenos o malos. Pueden tomar varias formas y tienen la capacidad de poseer a los humanos. La tradición islámica dice que Satanás no era un ángel sino un genio, esta creencia está basada en Sura 18:50.

Quizás el ejemplo más conocido de genios se puede encontrar en la historia de Aladdin en la traducción occidental de *El libro de las Mil y una Noches*. Estaba atado a una lámpara de aceite y le concedió deseos a quien lo liberó de la lámpara al frotarla.

Creencia Musulmana Sobre el Pecado

El Islam y el Cristianismo tienen puntos de vista muy diferentes del pecado. Aunque ambos aceptan el relato de la creación de Génesis, llegan a conclusiones opuestas.

El punto de vista musulmán es que Dios creó a Adán y Eva. Ellos pecaron, y Dios los perdonó. A diferencia del Cristianismo, el Islam no tiene una doctrina del pecado original. Los humanos no tienen una naturaleza pecaminosa, sino que se olvidan de los mandamientos de Dios y, por lo tanto, necesitan que los profetas los dirijan de regreso a Su voluntad.

Alá le ordenó a Mahoma que guíe a la humanidad hacia el camino de la salvación a través de la obediencia a Sus leyes y las buenas obras. Los humanos necesitan esta guía porque están descritos en el Corán como ignorantes, arrogantes y de voluntad débil.

Sura 2:35-37 tiene este relato de la creación: "Dijimos: '¡Oh, Adán! Habita con tu esposa en el Paraíso, y comed cuanto deseéis de lo que hay en él, mas no os acerquéis a este árbol, pues de hacerlo os contaríais entre los inicuos'. Pero Satanás les hizo caer [en la desobediencia] alejándoles del goce en el que se encontraban. Y les dijimos: '¡Descended! Seréis enemigos unos de otros; y en la Tierra encontraréis una morada y deleite por un tiempo.' ... Y le fueron inspiradas a Adán unas palabras de su Señor [una súplica con la que rogó] y Él le absolvió, pues Él es Indulgente, Misericordioso".

Este pasaje y otros, enseñan que Adán y Eva desobedecieron el mandato de Dios para ellos, por lo que Dios los expulsó del paraíso a la tierra. En el proceso, Dios los perdonó. No hay doctrina de la caída y, por lo tanto, no hay necesidad real de que un salvador tome sobre sí los pecados del mundo.

Un autor musulmán escribe: "El Islam enseña que las personas nacen inocentes y siguen siéndolo hasta que cada uno se hace culpable por un hecho culpable.

El Islam no cree en el "pecado original" y sus escrituras interpretan la desobediencia de Adán como su propia falta personal, una falta por la cual se arrepintió y que Dios perdonó".[5]

La perspectiva cristiana del pecado es muy diferente. Romanos 3:23 enseña que "todos pecaron y no alcanzan la gloria de Dios". Estamos en un estado caído porque "tal como el pecado entró en el mundo por un hombre, y la muerte por el pecado, así también la muerte se extendió a todos los hombres, porque todos pecaron" (Rom. 5:12).

Creencia Musulmana Sobre la Salvación

El Islam y el Cristianismo también tienen puntos de vista muy distintos sobre la salvación, que se derivan de sus diferentes visiones del pecado. Los musulmanes a menudo ven las fallas humanas como resultado del olvido o simplemente cometemos errores. Creen que constantemente nos olvidamos de Dios, pero no creen que tengamos una naturaleza pecaminosa. Por lo tanto, los musulmanes creen que pueden ser salvados por sus propios esfuerzos siguiendo el régimen de los cinco pilares del Islam: Shahada (repetición del credo), Salat (oraciones), Zakat (limosna), Sawm (ayuno de Ramadán) y Hajj (peregrinación a La Meca).

El Corán enseña que los creyentes deben seguir el camino recto (Sura 1:6). Por lo tanto son responsables de sus acciones. Deben hacer lo que Alá ordena para complacerlo y ser admitido en el

---

[5] Isma'il R. Al Faruqi, *Islam* (Nils, IL: Argus Communications, 1984), 9.

paraíso. Obedecer los cinco pilares del Islam es la manera de lograr esta recompensa.

Los musulmanes no creen que puedan tener ninguna certeza de su propia salvación. Alá envía a la gente al paraíso o al infierno como le plazca: "Pero sabed que Alá extravía a quien le place y guía a quien quiere; ciertamente Él es Poderoso, Sabio" (Sura 14:4).

Una imagen utilizada en el Corán para ilustrar esto, es la imagen de una balanza. En el Día del Juicio, todas sus obras serán pesadas: "[Ese día] Aquellos cuyas obras buenas pesen más en la balanza serán los triunfadores. En cambio, quienes sus malas obras sean las que más pesen estarán perdidos, y morarán eternamente en el Infierno" (Sura 23:102-103).

Aparentemente, incluso Mahoma tenía dudas sobre su propia salvación. Él dijo: "Aunque soy el Apóstol de Alá, sin embargo, no sé lo que Alá me hará" (Hadiz 5:266). Cuando Mahoma estaba en su viaje nocturno, descubrió las buenas obras registradas en un libro: "El destino de cada hombre. Todo ser humano será responsable por sus obras, y el Día de la Resurrección le entregaremos un libro abierto [donde encontrará registradas todas ellas]". (Sura 17:13)

La pregunta que enfrentan todos los musulmanes es si sus buenas obras superarán sus malas obras. La fe es ciertamente importante, pero también lo son las buenas obras. Y como todo esto es incierto, no hay seguridad de la salvación.

Pero mientras que la salvación no está asegurada, la condenación si lo está. El Corán enseña que los que rechazan la fe (Sura 2:6, 3:32) están perdidos. Y un creyente musulmán que rechaza las enseñanzas del Islam nunca será restaurado. Es por eso que la mayoría de los padres musulmanes rechazan a sus hijos si se convierten al Cristianismo. En sus mentes, Alá los ha rechazado por lo que deben hacer lo mismo.

En contraste, la visión bíblica de la salvación es muy diferente. La Biblia enseña que el pecado de Adán ha afectado a toda la humanidad. Romanos 5:12 dice: "Por tanto, tal como el pecado entró en el mundo por un hombre, y la muerte por el pecado, así también la muerte se extendió a todos los hombres, porque todos pecaron". Pablo más tarde (5:18-19) agrega que "Así pues, tal como por una transgresión resultó la condenación de todos los hombres, así también por un acto de justicia resultó la justificación de vida para todos los hombres. Porque así como por la desobediencia de un hombre los muchos fueron constituidos pecadores, así también por la obediencia de uno los muchos serán constituidos justos".

Dios es santo (Sal. 77:13), y solo Él es santo (Ap. 15:4). Cuando tratamos de medir nuestro pecado contra la santidad de Dios, es imposible equilibrar las balanzas. David se lamenta en el Salmo 130:3 "Señor, si tú tuvieras en cuenta las iniquidades, ¿quién, oh Señor, podría permanecer?" Otro lugar donde la Biblia usa el concepto de balanzas es en Daniel (5:27), donde el juicio de Dios cae sobre Belsasar: "has sido pesado en la balanza y hallado falto de peso". La Biblia también usa la imagen de una vara de medir en Amós (7:7-9) para mostrar que el pueblo de Dios no cumple con Su norma de justiciar.

La Biblia enseña claramente que nadie es lo suficientemente bueno como para presentarse ante su justicia. El Antiguo Testamento dice que "todas nuestras obras justas son como un manto sucio" (Isaías 64:6). El Nuevo Testamento enseña que somos hechos justos no haciendo buenas obras (Efesios 2:8-9) sino por la fe en la muerte de Cristo en la cruz. Jesús pagó la pena por el pecado para que podamos tener la vida eterna.

Cielo, Infierno y Juicio

El Corán frecuentemente habla sobre un "Día del juicio" que se avecina. Se describe como un tiempo de ira, retribución y juicio (Sura 55). El Islam enseña que la hora final vendrá repentinamente. Ocurrirán desastres naturales y se abrirán tumbas (Sura 75; 82; 84).

Ese día a menudo se describe como el día de la ira o el día de la decisión o el día de la verdad. En ese día, cada persona se presentará ante Alá, y un rollo bajará explicando todos sus hechos. "Todo ser humano será responsable por sus obras, y el Día de la Resurrección le entregaremos un libro abierto [donde encontrará registradas todas ellas]. [Se le dirá:] Lee tu libro, pues hoy te será suficiente leer el registro de tus obras para saber cuál será tu destino" (Sura 17: 13-14).

También en ese día, sus obras serán pesadas en una gran balanza. Si se inclina hacia la justicia, la persona irá al paraíso. Si no, él o ella irá al infierno. Alá determina tu destino: "A Alá pertenece cuanto hay en los cielos y en la Tierra, y Él castigará a quienes obren el mal y retribuirá con una hermosa recompensa a los benefactores" (Sura 53; 31).

El paraíso es un lugar de belleza, con arroyos de agua clara, ríos de leche y fuentes de miel. También es un lugar de deleite sensual y sexual (Sura 3: 14-15; 47:15; 55).

El infierno es un lugar de quema. Los cerebros se hierven y el plomo fundido se vierte en las orejas. Las pobres almas tienen caras cubiertas de fuego (Sura 14:50; 76:4). El infierno es el lugar donde se encuentran los idólatras e infieles. El Hadiz parece enseñar que hay más mujeres en el infierno que hombres.

Una tradición musulmana enseña que Jesús regresará a la tierra como el Mesías. Supuestamente, destruirá todas las cruces, matará a todos los cerdos y será enterrado junto a Mahoma cuando muera. Otra tradición dice que una figura del mesías (conocida como *Mahdi*) vendrá a la tierra y se unirá a Jesús para luchar contra el Anticristo. Entonces instituirá un reino de justicia.

SECCIÓN 2 Islam y Terrorismo

El Islam es la segunda religión más grande del mundo y es la de mayor crecimiento. Esto ha llevado a un choque de civilizaciones con Occidente. ¿Por qué está ocurriendo este conflicto? ¿Qué es la ley sharia y cómo se está implementando en nuestro mundo hoy? ¿Cómo podemos combatir el terrorismo radical musulmán en el extranjero e incluso en nuestro propio país?

CAPÍTULO 4 - EL CHOQUE DE LAS CIVILIZACIONES

Antes de observar el aumento del terrorismo musulmán en nuestro mundo, necesitamos comprender la visión mundial del conflicto entre el Islam y los valores occidentales. La religión musulmana es una religión del siglo séptimo. Piensa en esa afirmación por un momento. La mayoría de la gente no consideraría al Cristianismo como una religión del primer siglo. Aunque comenzó en el primer siglo, ha tomado el mensaje atemporal de la Biblia y lo ha comunicado de manera contemporánea.

En muchos sentidos, el Islam sigue estancado en el siglo en que se desarrolló. Una de las grandes preguntas es si se adaptará al mundo moderno. El auge del terrorismo musulmán y el deseo de implementar la ley sharia ilustran este choque de civilizaciones.

El Choque de las Civilizaciones

En el verano de 1993, Samuel Huntington publicó un artículo titulado "¿Choque de civilizaciones?" En la revista *Foreign Affairs*.[6] El artículo generó más controversia que cualquier otro artículo en la revista desde la década de 1940. Y

---

[6] Samuel P. Huntington, "The Clash of Civilizations? *Foreign Affairs*, Summer 1993, 22-49.

Huntington dice que provocó más debate que cualquier otra cosa que escribió durante ese tiempo.

Tres años más tarde, Samuel Huntington publicó un libro con un título similar. *El Choque de Civilizaciones y la Reconstrucción del Orden Mundial* se lanzó al mercado en 1996 y se convirtió en un éxito de ventas, una vez más suscita controversia. Parece digno de revisar sus comentarios y predicciones porque han resultado ser muy precisos.

Su tesis fue bastante simple. La historia mundial estará marcada por conflictos entre tres grupos principales: el universalismo occidental, la militancia musulmana y la reivindicación China.

Huntington dice que en el mundo posterior a la Guerra Fría, "la política global se ha convertido en multipolar y multicivilizacional".[7] Durante la mayor parte de la historia de la humanidad, las civilizaciones principales se separaron unas de otras y el contacto fue intermitente o inexistente. Ese patrón cambió en la era moderna (alrededor de 1500 d.C.). Por más de 400 años, los estados nacionales de Occidente (Gran Bretaña, Francia, España, Austria, Prusia, Alemania y los Estados Unidos) constituyeron un sistema internacional multipolar que interactuaba, competía y luchaba guerras entre sí. Durante ese mismo período de tiempo, estas naciones también se expandieron, conquistaron y colonizaron casi todas las otras civilizaciones.

---

[7] Samuel P. Huntington, *The Clash of Civilizations and the Remaking of World Order* (New York: Simon & Schuster, 1996), 21.

Durante la Guerra Fría, la política global se volvió bipolar y el mundo se dividió en tres partes. Las democracias occidentales lideradas por los Estados Unidos se involucraron en una competencia ideológica, política, económica e incluso militar con los países comunistas liderados por la Unión Soviética. Gran parte de este conflicto ocurrió en el Tercer Mundo fuera de estos dos campos y estaba compuesto principalmente por naciones no alineadas.

Huntington argumentó que en el mundo, posterior a la Guerra Fría, los principales actores siguen siendo los estados nacionales, pero están influenciados por algo más que el poder y la riqueza. Otros factores como las preferencias culturales, los puntos en común y las diferencias también influyen. Las agrupaciones más importantes no son los tres bloques de la Guerra Fría, sino las principales civilizaciones mundiales. Lo más significativo en nuestra discusión es el conflicto entre el mundo occidental y la militancia musulmana.

Bernard Lewis ve este conflicto como una fase que el Islam está experimentando en la actualidad, en la que muchos líderes musulmanes intentan resistir las influencias del mundo moderno (y en particular del mundo occidental) en sus comunidades y países. Esto es lo que él dijo sobre el Islam y el mundo moderno:

> El Islam ha brindado consuelo y paz mental a millones de hombres y mujeres. Ha dado dignidad y significado a las vidas monótonas y empobrecidas. Ha enseñado a personas de diferentes razas a vivir en

hermandad y a personas de diferentes credos a vivir lado a lado en una tolerancia razonable. Inspiró una gran civilización en la que otros, además de los musulmanes, vivieron vidas creativas y útiles y que, por sus logros, enriquecieron al mundo entero. Pero el Islam, como otras religiones, también ha conocido períodos en los que inspiró a algunos de sus seguidores un sentimiento de odio y violencia. Es nuestra desgracia que parte o incluso la mayoría, aunque de ninguna manera la totalidad, del mundo musulmán, pase ahora por ese período, y que gran parte, aunque no todo, de ese odio se dirija contra nosotros.[8]

Esto no significa que todos los musulmanes quieran participar en la Guerra de la yihad contra Estados Unidos y Occidente. Pero sí significa que hay un creciente choque de civilizaciones. Los musulmanes ven el mundo dividido en dos campos, y esta visión intensifica el choque entre Occidente y el Islam. Bernard Lewis explica:

> En la visión islámica clásica, a la que muchos musulmanes están comenzando a regresar, el mundo y toda la humanidad se dividen en dos: la Casa del Islam, donde prevalecen la ley y la fe musulmana, y el resto, conocida como la Casa de la incredulidad o La Casa de la Guerra, y que es el deber de los musulmanes, en última

---

[8] Bernard Lewis, The Roots of Muslim Rage," *Atlantic Monthly*, September 1990, www.theatlantic.com/doc/prem/199009/muslim-rage.

instancia, traer al Islam. Ya debería estar claro que nos enfrentamos a un estado de ánimo y a un movimiento que trasciende el nivel de los problemas, las políticas y los gobiernos que los persiguen. Esto no es menos que un choque de civilizaciones: la reacción quizás irracional pero seguramente histórica de un antiguo rival contra nuestra herencia judeocristiana, nuestro presente secular y la expansión mundial de ambas. Es de crucial importancia que los cristianos no sean irracionalmente provocados por el terrorismo islámico, hasta el punto de ver a todos los musulmanes como terroristas.[9]

No todos aceptan el análisis de Samuel Huntington sobre el conflicto entre las democracias occidentales y la militancia musulmana. Por ejemplo, William Tucker cree que el conflicto real es el resultado de lo que él llama la *intelligentsia* musulmana. Dice que: "no estamos enfrentando un choque de civilizaciones sino un conflicto con un segmento educado de una civilización que produce hombres muy raros y desorientados sexualmente. La pobreza no tiene nada que ver con eso. Es asombroso conocer la lista de al Qaeda, un académico altamente calificado tras otro, con títulos avanzados en química, biología, medicina, ingeniería, un gran porcentaje de ellos educados en los Estados Unidos".[10]

---

[9] Ibid.

[10] William Tucker, "Overprivileged Children," *American Spectator*, 12 Sept. 2006, www.spectator.org/dsp_article.asp?art_id=10342.

Su análisis es contrario a las muchas declaraciones que se han hecho en el pasado de que la pobreza engendra el terrorismo. Si bien es cierto que muchos reclutas para la yihad provienen de lugares empobrecidos, también es cierto que el liderazgo proviene de quienes están bien educados y altamente calificados.

William Tucker cree que aquellos que desean participar en la Guerra de la yihad contra los Estados Unidos y Occidente tienen un parecido sorprendente con los estudiantes revolucionarios durante la década de 1960 en las universidades estadounidenses. Él los llama "niños extremadamente privilegiados" quienes, él cree, necesitan probarse a sí mismo (y su virilidad) en el mundo. También cree que "esto se ve agravado por una sociedad polígama donde los padres a menudo están lejos de sus hijos y donde hombres y mujeres apenas entran en contacto cuando son adultos jóvenes".

Tucker, por lo tanto, concluye que estamos efectivamente en guerra con una intelectualidad musulmana. Estas son esencialmente "las mismas personas que nos trajeron los horrores de la Revolución Francesa y el Comunismo del siglo XX". Con su obsesión por la pureza moral y su odio racional que va más allá de toda irracionalidad, estos intelectuales guerreros están causando el mismo caos en el Medio Oriente que en la Francia de los Jacobinos y la China de Mao Tse-tung".

Uno de los debates en video sobre el Islam, más vistos en Internet, involucró a Wafa Sultan, quien debatió sobre la idea de Samuel P. Huntington de un "choque de civilizaciones", con el anfitrión de Al-Jazeera, Faisal al-Qasim y el erudito islámico Ibrahim Al-Khouli. El intercambio tuvo lugar en el programa de discusión de 90 minutos: "The Opposite Direction", con Sultan hablando vía satélite desde Los Ángeles.[11] Aquí hay dos extractos de lo que ella dijo:

"El choque que estamos presenciando en todo el mundo no es un choque de religiones o un choque de civilizaciones", dijo. "Es un choque entre dos opuestos, entre dos eras. Es un choque entre una mentalidad que pertenece a la Edad Media y otra mentalidad que pertenece al siglo XXI. Es un choque entre la civilización y el atraso, entre lo civilizado y lo primitivo, entre la barbarie y la racionalidad. Es un choque entre libertad y opresión, entre la democracia y la dictadura. Es un choque entre los derechos humanos, por una parte, y la violación de estos derechos, por otra. Es un choque entre quienes tratan a las mujeres como bestias y quienes las tratan como seres humanos. Lo que vemos hoy no es un choque de civilizaciones. Las civilizaciones no chocan sino que compiten.

Los musulmanes son los que comenzaron a usar esta expresión. Los musulmanes son los que comenzaron el choque de civilizaciones. El Profeta del Islam dijo: "Se me ordenó luchar contra la gente hasta que crean en Alá y en Su Mensajero". Cuando los musulmanes dividieron a la gente en musulmanes y no musulmanes y llamaron a luchar contra los

---

[11] The video clip from Al-Jazeera television that was seen on the Internet was produced by the Middle East Media Research Institute: http://switch5.castup.net/frames/20041020_MemriTV_Popup/video_480x360.asp?ai=214&ar=1050wmv&ak=null.

demás hasta que crean en lo que ellos mismos creen, ellos empezaron este choque y comenzaron esta guerra. Para detener esta guerra, deben reexaminar sus libros y planes de estudio islámicos, que están llenos de peticiones de takfir y lucha contra los infieles.

Amenaza del Islam Radical

Es difícil estimar el alcance de esta amenaza, pero hay algunos comentaristas que han tratado de proporcionar una estimación razonable. Dennis Prager proporciona una visión general de la magnitud de la amenaza:

> Cualquier persona ve la realidad contemporánea: el régimen genocida islámico en Sudán; el amplio apoyo teológico y emocional musulmán, para el asesinato de un musulmán que se convierte a otra religión; la ausencia de libertad en los países de mayoría musulmana; el amplio apoyo a los Palestinos que asesinan a Israelíes al azar; el estado primitivo en el que las mujeres se mantienen en muchos países musulmanes; la celebración de la muerte; los asesinatos por el honor de las hijas, y muchas otras cosas terribles en zonas significativas del mundo musulmán, sabemos que la humanidad civilizada tiene un nuevo mal que combatir.[12]

---

[12] Dennis Prager, "The Islamic Threat is Greater than German and Soviets Threats Were," 29 May 2006,

Argumenta que así como las generaciones anteriores tuvieron que luchar contra los nazis y los comunistas, esta generación tiene que enfrentar al Islam militante. Pero también señala que algo es dramáticamente diferente acerca de la actual amenaza musulmana. Él dice:

> Mucha menos gente creía en el nazismo o en el comunismo de lo que creen en el Islam en general o en el Islam autoritario especificamente. Hay mil millones de musulmanes en el mundo. Si solo el 10% cree en el Islam de Hamas, los talibanes, el régimen sudanés, Arabia Saudita, el wahabismo, bin Laden, la yihad islámica, la mezquita de Finley Park en Londres o Hizbollah, y es difícil de creer que solo 1 de 10 musulmanes apoye cualquiera de las ideologías de estos grupos, eso significa un verdadero enemigo de al menos 100 millones de personas.[13]

Este gran número de personas que desean destruir la civilización representa una amenaza sin precedentes. Nunca la civilización ha tenido que enfrentarse a un número tan elevado de personas que desean destruirla.

Entonces, ¿cuál es la amenaza en los Estados Unidos? Tomemos un número y un porcentaje para una estimación. Hay alrededor de 4 millones de musulmanes-estadounidenses en los Estados Unidos,

---

www.townhall.com/columnists/DennisPrager/2006/03/28/the_islamic_t hreat_is_greater_than_german_and_soviet_threats_were.

[13] Ibid.

y a menudo se nos dice que casi todos son ciudadanos que respetan la ley. Asumamos que ese porcentaje es incluso tan alto como un 99%. Eso todavía deja al 1% que cree en la yihad y podría representar una amenaza para Estados Unidos. Multiplica el 1% por 4 millones, y obtendrás un número de 40,000 individuos que la Seguridad Nacional debe tratar de monitorear. Incluso si usas un porcentaje de una décima parte del uno por ciento, aún obtienes unos 4,000 terroristas potenciales en los Estados Unidos.

Punto de Inflexión Islámico

Cuando la población musulmana aumenta en un país, hay ciertos cambios sociales que se han documentado. Peter Hammond se ocupa de esto en su libro, *Slavery Terrorism, & Islam*. La mayoría de la gente nunca ha leído el libro, pero muchos han visto un correo electrónico en una de las partes más citadas del libro.[14]

Argumentó que cuando la población musulmana es menor del 5%, la actividad principal es hacer proselitismo, generalmente de las minorías étnicas y los desafectados. Cuando la población musulmana alcanza el 5% o más, comienza a ejercer su influencia y empieza a presionar por la ley sharia.

Peter Hammond ve un cambio significativo cuando la población musulmana alcanza el 10% (se encuentra en muchos países europeos). En ese punto, él dice que empiezas a ver mayores niveles de violencia y desorden. También comienzas a escuchar

---

[14] Peter Hammond, *Slavery Terrorism, & Islam: The Historical Roots and Contemporary Threat* (San Jose, CA: Frontline, 1982), 151.

declaraciones de identidad y la presentación de diversas quejas.

Entre el 20% y el 30%, se producen fácilmente disturbios y milicias de la yihad. En algunos países, incluso tienes bombardeos a iglesias. Del 40% al 50%, las naciones como Bosnia y el Líbano experimentan masacres generalizadas y una continua guerra de milicias. Cuando al menos la mitad de la población es musulmana, el país comienza a perseguir a los infieles y apóstatas y la ley de la Sharia se aplica a todos sus ciudadanos.

Después del ochenta por ciento, se ve a países como Irán, Siria y Nigeria comprometidos en la persecución e intimidación como una parte diaria de la vida. A veces, el genocidio estatal se desarrolla en un intento de purgar el país de todos los infieles. El objetivo final es "Dar-es-Salaam" (la Casa Islámica de la Paz).

Peter Hammond probablemente sería el primero en decir que estas son generalizaciones y ciertamente hay excepciones a la regla. Pero las tendencias generales han sido validadas a través de la historia. Cuando la población musulmana es pequeña, sus líderes se centran en ganar conversos y trabajar para obtener simpatía para la ley sharia. Pero luego su número aumenta, los líderes de los musulmanes radicales toman el control y comienza la dominación islámica.

Implicaciones Cristianas del Choque de Civilizaciones

Este choque de civilizaciones tiene un profundo impacto en las misiones. En el pasado, los países cerrados al evangelio solían ser países comunistas. Aun así, hubo una cantidad significativa de crecimiento cristiano en los países detrás de la Cortina de Hierro y la Cortina de Bambú. Con el colapso de la Unión Soviética, muchos de estos países están más abiertos al evangelio que nunca antes. Mientras tanto, la persecución de los cristianos permanece en China.

Pero ha surgido un nuevo fenómeno. Los países musulmanes son ahora los más resistentes al mensaje del Cristianismo. El trabajo misionero es limitado o incluso inexistente en muchos de estos países musulmanes. Esto representa el mayor desafío para las misiones en el siglo XXI: alcanzar el mundo musulmán para Cristo. Ya hay más de mil millones y medio de musulmanes en el mundo, haciendo del Islam la segunda religión más grande del mundo y una de las de más rápido crecimiento.

Una segunda implicación está relacionada con la primera. Samuel Huntington predice un conflicto creciente entre el universalismo occidental y la militancia musulmana. En otras palabras, el conflicto es entre las democracias occidentales liberales y sus culturas y los países musulmanes.

Esto presenta un gran desafío para los cristianos que intentan llegar a los musulmanes. Cuando ellos ven a Occidente con su inmoralidad y decadencia, lo rechazan y tambien el Cristianismo. Después de todo, razonan, estos son países cristianos, y esto es lo que producen.

Es crucial para los cristianos hacer una distinción entre el Cristianismo y la sociedad occidental. El conflicto político puede ser entre las democracias occidentales y la militancia musulmana, pero la batalla espiritual es entre el Cristianismo y el Islam. Los dos no son lo mismo.

Reformando el Islam

¿Continuará este choque de civilizaciones, o es posible reformar el Islam para que encuentre un lugar pacífico en el mundo moderno? Joel Rosenberg, en su libro *Inside the Revolution*, explica el desafío que enfrenta el Islam en el mundo moderno. Discutió los tres movimientos más dramáticos de nuestro tiempo.[15]

El primero es lo que él llama "los Radicales". Estos son musulmanes radicales que quieren aniquilar a los Estados Unidos e Israel. Muchos de ellos en Irán creen que la llegada del Mesías Islámico a la Tierra es "inminente" y que se acerca el fin de los días. El libro y el documental hablan sobre el peligro potencial de que estos musulmanes adquieran armas nucleares para que puedan lograr sus objetivos apocalípticos.

El segundo grupo es "los Reformadores". Estos musulmanes creen que los radicales están equivocados. El libro y su documental en DVD

---

[15] Joel Rosenberg, *Inside the Revolution: How the Followers of Jihad, Jefferson, and Jesus Are Battling to Dominate the Middle East and Transform the World* (Carol Stream, IL: Tyndale House, 2009).

hablan sobre la esperanza de que estos Reformadores puedan crear democracias reales en el Medio Oriente.

El tercer grupo es "los revivalistas". Millones de musulmanes están abandonando el Islam y volviéndose a la fe en Jesucristo. El libro y el documental explican cómo está sucediendo esto. Estas son historias fascinantes.

El subtítulo del libro, *Inside the Revolution*, lo dice todo. Dice: "Cómo los seguidores de la Yihad, Jefferson y Jesús, están luchando para dominar el Medio Oriente y transformar el mundo". Estos son los tres grupos dentro del Islam que serán influyentes en este siglo: los Radicales, los Reformadores y los Revivalistas.

Los cambios en el Islam tendrán que venir desde adentro (los Reformadores) y quizás también desde afuera (los Revivalistas). Esto lleva a una de las preguntas más frecuentes cuando hay un ataque terrorista. ¿Dónde están los musulmanes modernos? ¿Dónde están las voces de estos posibles reformadores?

Christine Douglass-Williams trató de responder esa pregunta en su libro, *The Challenge of Modernizing Islam*.[16] Incluye entrevistas con muchos de estos musulmanes moderados que intentan realizar reformas. Al principio del libro, ella dice que el título original hablaba sobre la reforma del Islam. Ella y el editor concluyeron que no era lo suficientemente preciso. Ella señala que actualmente

---

[16] Christine Douglass-Williams, *The Challenge of Modernizing Islam* (NY: Encounter, 2017).

hay una guerra territorial dentro del Islam "entre quienes buscan reformar el Islam a como era en el siglo séptimo y aquellos que buscan reformarlo a la modernidad".

La primera parte de su libro incluye entrevistas que ha realizado con musulmanes moderados como el Dr. Zudhi Jasser, el Dr. Tawfik Hamid y Raheel Raza. No escuchamos sobre ellos en los medios de comunicación convencionales, con demasiada frecuencia, porque muchos de ellos no cuentan con una plataforma. También debemos reconocer que muchos de ellos están amenazados si se pronuncian. El subtítulo del libro de Christine Douglass-Williams lo dice todo: "Los Reformadores Exponen la Verdad y Comparten los Obstáculos que Enfrentan".

También vale la pena mencionar que no todos los moderados son reformadores. Los reformadores suelen insistir en que los textos en el Islam deben estar sujetos a nuevas interpretaciones. Hacer esto será difícil. Podría significar tener que dejar de lado catorce siglos de interpretación, así como la historia musulmana.

Se puede encontrar una ilustración en los escritos de Tawfik Hamid, quien contrarrestó la creencia común de que el Islam ha sido una religión de paz. Explicó que la literatura islámica aprobada "enseña principios violentos como matar a apóstatas, golpear a mujeres, matar a homosexuales y esclavizar a prisioneras de guerra con fines sexuales".

Continuó diciendo que si quieres refutar lo que dijo, todo lo que tendrías que hacer es proporcionar textos que hayan sido "aceptados por los principales eruditos islámicos en la Universidad Al-Azhar o las autoridades religiosas en Arabia Saudita". Estos cuerpos religiosos son los responsables de aprobar un Corán impreso.

Todo lo que los críticos tendrían que hacer es "producir un solo texto islámico aprobado que se oponga de manera clara y sin ambigüedades, por ejemplo, matar a apóstatas, golpear a mujeres, matar gays y esclavizar a prisioneras de guerra con el propósito expreso de violarlas". Él dice que no podrán producir tal texto porque no existe.[17]

---

[17] Tawfik Hamid, "Carson Is Right About Muslims," *Newsmax*, 23 September 2015, www.newsmax.com/TawfikHamid/Ben-Carson-Middle-East-Religion/2015/09/23/id/692925/.

CAPÍTULO 5 - LEY DE LA SHARIA

Las personas que viven en el mundo occidental generalmente aceptan el concepto de una verdadera separación de la iglesia y el estado. Cientos de años de tradición occidental han demostrado la sabiduría de mantener estas instituciones separadas y el peligro que se presenta cuando las instituciones eclesiásticas y civiles se funden en una sola.

Ese no es el caso de los musulmanes, especialmente en otros países. Una reciente encuesta de Pew Research encontró que el 99% de los musulmanes en Afganistán, el 91% de los musulmanes en Irak y el 84% en Pakistán, están a favor de hacer de la sharia la ley oficial de su país.[18]

Ley de la Sharia

Una práctica fundamental del Islam es la implementación de la sharia en la estructura legal. El término *sharia* se deriva del verbo *shara'a*. La sharia es un sistema de ley divina, creencia o práctica que se basa en la interpretación legal musulmana. Se aplica a la economía, la política y la sociedad. La mayoría de los musulmanes distinguen entre el *fiqh* (que se ocupa de los detalles del Islam) y *sharia* (se refiere a

---

[18] Michael Lipka, "Muslims and Islam: Key Findings in the U.S. and Around the World," *Pew Research*, 9 August, 2017, www.pewresearch.org/fact-tank/2017/08/09/muslims-and-islam-key-findings-in-the-u-s-and-around-the-world/

los principios detrás de esos detalles). Idealmente, ambos deben estar en armonía el uno con el otro.

A veces el mundo ha podido ver cuán extrema puede ser la interpretación de la *sharia*. Los musulmanes han sido condenados a muerte cuando han sido acusados de adulterio u homosexualidad. Han sido condenados a muerte por abandonar la religión del Islam. Y estos no son ejemplos aislados.

Hace algunos años, las investigaciones de Pew hicieron preguntas muy específicas a los musulmanes acerca de hasta dónde aplicarían la ley sharia. La encuesta reveló que el 89% de los musulmanes en Pakistán, el 85% de los musulmanes en Afganistán y el 84% de los musulmanes en Egipto favorecen la lapidación como castigo por el adulterio. La encuesta también encontró que el 86% de los musulmanes en Egipto y el 82% de los musulmanes en Jordania favorecen la pena de muerte para cualquier musulmán que abandone la religión del Islam.[19]

Judíos y Cristianos Bajo la Ley de la Sharia

No debería sorprender que los cristianos sean perseguidos en los países musulmanes. Cada año, la organización Open Doors publica su Lista de Vigilancia Mundial que identifica dónde se persigue a los cristianos. En los últimos años, nueve de los diez

---

[19] "Beliefs About Sharia," *Pew Research Center*, 30 April 2013, http://www.pewforum.org/2013/04/30/the-worlds-muslims-religion-politics-society-beliefs-about-sharia/

principales países que practican la persecución extrema de los cristianos son los países musulmanes.[20]

Tratar a judíos y cristianos bajo la ley de la sharia está justificado en el Corán. Por ejemplo, el Corán habla de "la gente del libro". Sura 9:29 dice: "Combatid a quienes no creen en Alá ni en el Día del Juicio, no respetan lo que Alá y Su Mensajero han vedado y no siguen la verdadera religión [el Islam] de entre la Gente del Libro, a menos que éstos acepten pagar un impuesto con sumisión voluntaria y se sientan sometidos".

La "gente del libro" (*Ahl al-Kitab*) se refiere a judíos y cristianos. La ley islámica se refiere a ellos como *dhimmis*. Tenían estatus de protegidos y vivían como personas protegidas: *Ahl al-dhimma*. Pero tenían que vivir como ciudadanos de segunda clase en un estado musulmán.

Mahoma hizo una distinción entre los infieles, que eran paganos y politeístas, y la "gente del libro", que había recibido revelaciones de los profetas (Moisés, Jesús). El último grupo está protegido en un sentido porque han recibido estas revelaciones. Pero también son culpables porque (según el Islam) han distorsionado estas enseñanzas y rechazado la enseñanza de Mahoma. Aunque este estado se otorgó originalmente solo a las "personas del libro", más tarde se extendió a otras religiones (sikhs, zoroastrianos, etc.)

Debido a su culpa, la enseñanza islámica estipula que los judíos y los cristianos pueden vivir en un país

---

[20] Open Doors, "Christian Persecution-World Watch List – 2017, https://www.opendoorsusa.org/christian-persecution/world-watch-list/

musulmán, pero no como iguales a otros musulmanes. Por lo general, esto significa que no pueden participar en el gobierno. Pueden practicar su religión, pero con muchas restricciones. Por ejemplo, no se les permitió tener ninguna manifestación externa de adoración (procesión con la cruz, hacer sonar campanas).

Estas restricciones son otra parte del verso del Corán que requiere que los *dhimmis* "se sientan sometidos". En el pasado, esto ha significado: (1) que no podían evitar que un compañero cristiano se convirtiera al Islam, (2) que no podían erigir una cruz en el edificio de su iglesia y (3) que debían vestirse de una manera determinada, que los identifique como judíos o cristianos.

Finalmente, deben pagar el *jizya*, que es el impuesto que se aplica a los adultos *dhimmi*. En épocas anteriores, esta era una fuente importante de ingresos para el gobierno musulmán de parte de los dhimmi quienes pagaban tanto el impuesto personal como el impuesto a la tierra.

El Corán enseña (2:256) que "No está permitido forzar a nadie a creer". ¿Pero es así realmente? Depende de tu definición de forzar. Una mirada más cercana a la ley islámica demuestra una amenaza velada que muchos creen que equivale a forzar. Por ejemplo, Mahoma instruyó a sus seguidores a invitar a los no musulmanes a aceptar el Islam antes de librar una guerra contra ellos. Si se negaban, la guerra seguiría o el estatus de segunda clase. Serían inferiores en el orden social musulmán y pagarían el *jizya* como es requerido en Sura 9:29. Si lo pagan, pueden vivir, pero si se niegan a pagar, la guerra se producirá.

Cómo es el Trato a los Cristianos Dentro del Islam

Después de su rápida expansión en el siglo séptimo, el Islam desarrolló la práctica de permitir que judíos y cristianos vivieran dentro de su sociedad pero con muchas restricciones. El Pacto de Omar establece veintiocho limitaciones en sus derechos y prácticas.[21] Por ejemplo, cristianos:

• "no construiremos en nuestras ciudades, ni en sus vencindarios, nuevos monasterios, iglesias, conventos o celdas de monjes, ni repararemos, ni de día ni de noche, ninguna de las que hayan caído en ruinas o de las que estén situadas en barrios de los musulmanes".

•"no manifestaremos nuestra religión públicamente ni convertiremos a nadie a esta".

• "no prohibiremos a nuestros familiares abrazar el Islam si ellos así lo desean".

• "No mostraremos nuestras cruces o nuestros libros en ningún sitio por donde circulen los musulmanes, ni en sus mercados. Solamente tocaremos campanas en las iglesias y muy suavemente".

• "No levantaremos la voz en nuestros servicios religiosos, ni en presencia de musulmanes, ni elevaremos las voces en nuestras procesiones funerarias".

En los tiempos modernos, la aplicación del dhimmitude varía de un país a otro. En muchos países

---

[21] Pact of Umar, http://en.wikipedia.org/wiki/Pact_of_Umar.

musulmanes hoy, los no musulmanes deben pagar el *jizya* y deben usar un cinturón ancho de tela, conocido como *zunnar* para identificarlos. A veces deben mantenerse al costado de la calle. Y nunca deben ser recibidos con el saludo tradicional musulmán "as-Salamu 'alaykum" (que significa "La paz sea contigo").[22]

En muchos casos, los no musulmanes son perseguidos y asesinados. Una serie de excelentes libros documentan la forma en que los cristianos han sido perseguidos en los países musulmanes.[23] Por ejemplo, entre 1905 y 1918, los turcos otomanos mataron a más de dos millones de cristianos armenios. Desde que los musulmanes llegaron al poder en Sudán y declararon la yihad a los cristianos, han muerto más de tres millones.

La Ley Sharia y los Apóstatas

Es difícil para un musulmán abandonar la fe del Islam. Un musulmán es considerado parte de una comunidad más grande de creyentes musulmanes. Él o ella es un miembro de la *umma*, que es una palabra árabe que significa comunidad o nación.

Cuando un musulmán decide abandonar la fe, hay repercusiones en la familia y la comunidad. La familia es avergonzada e incluso perderá respeto dentro de la comunidad musulmana. La mezquita

---

[22] Umdat al-Salik (*Reliance of the Traveller*), o11.3-5.

[23] Paul Marshall, *Their Blood Cries Out: The Worldwide Tragedy of Modern Christians Who Are Dying for their Faith* (Dallas: Word, 1997) and Emir Fethi Caner and H. Edward Pruit, *The Costly Call: Modern-Day Stories of Muslims Who Found Jesus* (Grand Rapids, MI: Kregel, 2005).

siente que ha fallado en su deber y ha perdido a un miembro por ignorancia e idolatría.

El Corán enseña que un musulmán apóstata se enfrenta a la ira de Alá (Sura 47:25-28). La ley de la sharia en muchos países trata la apostasía como un pecado imperdonable y, por lo tanto, castigado con la muerte. A menudo, se les conoce como kafir, que es la palabra árabe para el no creyente. Se aplica a aquellos que rechazan las enseñanzas del Islam y el Corán.

Muchos países musulmanes tienen leyes contra la apostasía. El Islam enseña que una vez que eres musulmán, siempre eres musulmán. Abandonar la fe musulmana puede tener graves consecuencias, incluida la muerte.

La Ley Sharia y la Mujer

Existe una gran confusión sobre el estatus de las mujeres dentro del Islam. Algunos líderes musulmanes afirman que el Islam en realidad libera a las mujeres. Un defensor de las mujeres musulmanas dijo que "la religión islámica ha otorgado a las mujeres más derechos que cualquier otra religión, y le ha garantizado su honor y orgullo".[24] Eso podría sorprender a las mujeres que vivían bajo el gobierno de los talibanes en Afganistán o que viven bajo la ley

---

[24] Nawal El-Saadawi, quoted in *The Ideal Muslimah: The True Islamic Personality of the Muslim Woman as Defined in the Qur'an and Sunnah*,
www.usc.edu/dept/MSA/humanrelations/womeninislam/idealmuslimah/
.

de la Sharia en muchos países musulmanes en la actualidad.

Si bien es cierto que muchos musulmanes sin duda respetan y honran a las mujeres, no es cierto que esas ideas se puedan encontrar en el Corán. Aquí hay algunos pasajes que ilustran la forma en que las mujeres deben ser tratadas.

• Según el Corán, las mujeres son consideradas inferiores a los hombres: "Los hombres tienen autoridad sobre las mujeres porque Dios ha hecho que el uno sea superior al otro" (Sura 4:34).

• El Corán restringe el testimonio de una mujer en la corte. Su testimonio vale la mitad de lo que vale el testimonio de un hombre (Sura 2:282).

• El Corán enseña que la herencia de un hijo debe ser el doble que la de una hija: "Alá así te dirige en cuanto a la herencia de tus hijos; al macho, una porción igual a la de dos hembras" (Sura 4:11).

• El Islam sanciona la poligamia (con hasta cuatro esposas) así como el sexo con mujeres esclavas: "Si teméis no ser equitativos con [las dotes de] las huérfanas, entonces casaos con otras mujeres que os gusten: dos, tres o cuatro. Pero si teméis no ser justos, casaos con una sola o recurrid a vuestras esclavas. Esto es lo recomendable para evitar cometer alguna injusticia" (Sura 4:3).

• Las esposas están sujetas a sus maridos. Si las esposas son desleales o desobedientes, el Corán establece su castigo. El marido es el primero en amonestarlas, luego dejarlas solas en sus lechos y tercero, golpearlas ligeramente. Esencialmente, las esposas están sujetas al control de sus esposos (Sura 2: 223; 4:34).

La Sharia y la Poligamia

En Arabia, antes de la época de Mahoma, la poligamia era común. Un hombre podría tener tantas esposas como pudiera mantener. El Corán instruyó al hombre a tener dos, tres o cuatro esposas. Sin embargo, Mahoma tuvo una revelación especial que le permitió tener más de cuatro esposas. El Corán también enseñó que podía casarse con prisioneras de guerra, hijas de tíos y tías y con cualquier mujer creyente (Sura 33:50).

A pesar de que el Corán permite la poligamia, muchas naciones prohíben múltiples esposas. Turquía, por ejemplo, prohibió la poligamia en 1926. La ley islámica permite que un hombre musulmán se case con una mujer no musulmana. Sin embargo, una mujer musulmana solo puede casarse con un hombre musulmán.

También existe el concepto de Mut'a que se ha desarrollado en el Islam y que permite a un hombre musulmán tomar una "esposa" temporal para relaciones sexuales. Esto se puede hacer cuando él está en el servicio militar, aunque también se ha abusado de él para justificar la prostitución en la que un musulmán toma una prostituta como "esposa" temporal por la noche.

Ley de la Sharia y los Derechos de las Mujeres

Algunas veces las mujeres participan en la oración pública en las mezquitas, otras veces no lo hacen. Una oración formal en público en la mezquita es una demostración pública de la fe de un musulmán. Pero la participación de las mujeres varía según la cultura y el período de tiempo.

Los hombres asisten a los tiempos formales de oración. Si a las mujeres se les permite asistir, son segregadas y usan sus velos.

El velo y el aislamiento de las mujeres han sido parte de la cultura musulmana desde los comienzos del Islam. En el Corán, Mahoma ordena a sus esposas e hijas que usen velos. Esto se ha aplicado a todas las mujeres musulmanas. El velo les permitiría ser reconocidas pero no molestadas (Sura 33:59).

El Corán enseña que las mujeres "deben bajar la mirada, se abstengan de cometer obscenidades, no muestren de sus adornos más de lo que está a simple vista [como lo que usan sobre el rostro, las manos y las vestimentas], cubran sus pechos con sus velos, sólo muestren sus encantos [más allá del rostro y las manos] a sus maridos, sus padres" (Sura 24:31).

Los velos en realidad hacen más que solo cubrir la cara y el cuerpo de las mujeres. El velo establece la distinción significativa entre hombres y mujeres. El velo separa a las mujeres de los hombres y de la vida pública.

Las mujeres se cubren de diferentes maneras y en diferentes culturas, desde burkas hasta pañuelos.

A veces, esta orden dada a las mujeres de cubrirse, ha tenido consecuencias trágicas. En marzo de 2002, quince niñas murieron en un incendio en Arabia Saudita. Como no había hombres en la escuela, las niñas se quitaron su atuendo islámico para la clase. Cuando se produjo el incendio en el edificio, intentaron escapar pero fueron detenidos por la policía religiosa saudí (conocida como *Muttawa*). Ellos no les permitieron salir del edificio porque no estaban con sus velos y túnicas para cubrirse. Aparentemente, pensaron que la muerte de las niñas era preferible al riesgo de someter a los hombres, cercanos al lugar, a pensamientos impuros.

La ley islámica establece que un "esposo puede prohibir a su esposa salir del hogar".[25] También establece que "una mujer no puede dejar la ciudad sin su esposo, o un miembro de su parentela que no pueda casarse con ella, que la acompañe, a menos que el viaje sea obligatorio, como el hajj. Es ilegal que ella viaje de otra manera, y es ilegal que su esposo lo permita".[26]

Estas leyes se practicaron en Afganistán bajo los talibanes y se observan en países como Arabia Saudita. En ese país, las mujeres no pueden conducir ni pueden abandonar su hogar sin estar acompañadas por un miembro masculino de la familia. Amnistía Internacional informa que las mujeres en Arabia Saudita "que caminan sin compañía o que están en compañía de un hombre que no es su esposo ni un pariente cercano, están en riesgo de ser arrestadas

---

[25] "Umdat al-Salik, (manual of Islamic law), m 10.4

[26] Ibid., m 10.3

por sospecha de prostitución" u otros delitos morales.[27]

El divorcio es relativamente fácil en el Islam. Todo lo que un esposo debe hacer es decirle a su esposa: "Me divorcio de ti". El divorcio es definitivo en ese momento. Sin embargo, el Corán proporciona un mecanismo para resolver disputas: "Si una mujer temiese que su marido no cumpliere con las obligaciones para con ella o la rechazare, entonces, no incurrirán en falta si llegan a un acuerdo para evitar el divorcio, pues ello es lo mejor"(Sura 4: 128).

El Corán también instruye a los hombres a seguir un período de espera para asegurarse de que su esposa divorciada no esté embarazada: "si usted se divorcia de sus esposas, divorciase de ellas al final de su período de espera" (Sura 65:1). Pero la realidad, es que una mujer puede ser expulsada de la casa en minutos y divorciada.

Un pasaje en el Corán parece proporcionar una justificación para el matrimonio infantil. Los siguientes versos dicen: "y el mismo período es para las que aún no menstrúan" (Sura 65: 4). Entonces, el pasaje parece considerar la posibilidad de que un hombre pueda estar casado con una niña que ni siquiera ha alcanzado la adolescencia.

Los matrimonios infantiles eran comunes en la península árabe durante el tiempo en que se escribió el Corán. Una de las esposas de Mahoma fue una

---

[27] Amnesty International, "Saudi Arabia: End Secrecy End Suffering: Women," www.amnesty.org/ailib/intcam/saudi/briefing/4.html.

niña de seis años y aparentemente consumó el matrimonio cuando ella tenía nueve años.

Tales matrimonios siguen siendo comunes en algunos países musulmanes hoy en día. Se estima que la mitad de las adolescentes en algunos países (como Afganistán) están casadas.[28] Las niñas iraníes pueden casarse cuando tienen apenas nueve años con permiso de sus padres, o trece sin consentimiento. [29]

Ya hemos notado que el testimonio de una mujer en un tribunal de justicia es igual a la mitad del testimonio de un hombre. Cuando se trata de una acusación de violación, debe haber cuatro hombres adultos de carácter "intachable" para confirmar la acusación de violación de una mujer. De hecho, deben ver el acto en sí (por ejemplo, deben presenciar la penetración).

Este requisito estricto se basó en el incidente en la vida de Mahoma que involucró a Aisha, quien fue acusada de infidelidad. Mahoma proclamó su inocencia y al mismo tiempo instituyó este requisito legal para los pecados sexuales. Mahoma preguntó: "¿Por qué no presentaron cuatro testigos del hecho? Para Alá quienes no presentan testigos son los mentirosos"(Sura 24:13).

Debido a este requisito legal, es casi imposible probar la violación en los países musulmanes gobernados por la ley Sharia. Esencialmente, los hombres pueden cometer violaciones con

---

[28] United Nations Children's Fund, "UNICEF: Child marriages must stop," 7 March 2001, www.unicef.org/newsline/01pr21.htm.

[29] Lisa Beyer, "The Women of Islam," Time, 25 Nov. 2001.

impunidad. A menos que ella pueda presentar cuatro testigos masculinos creíbles, el perpetrador queda en libertad.

Pero la injusticia no termina ahí. A menudo, el cargo de violación de la víctima de violación, se usa en el tribunal como admisión de adulterio. Entonces, mientras el violador sale libre, a menudo ella es encarcelada. Se ha estimado que en Pakistán hasta el 75% de las mujeres en prisión están allí porque fueron víctimas de violación.[30]

La Sharia y la Constitutión

La ley de la sharia es muy diferente en muchos aspectos de las leyes establecidas a través de la Constitución de los Estados Unidos y las leyes establecidas a través del derecho común inglés. En un intento por evitar que la ley de la sharia se implemente en Estados Unidos, varias legislaturas estatales (Alabama, Arizona, Kansas, Louisiana, Carolina del Norte, Dakota del Sur y Tennessee) tienen prohibiciones sobre la ley de la sharia. Los votantes en otros estados han aprobado una prohibición que ha sido anulada por un tribunal federal de apelaciones.

Aunque los opositores argumentan que estas prohibiciones de la ley de la sharia son innecesarias, varios estudios han encontrado casos significativos de la sharia permitidos en los tribunales de los Estados Unidos. Un informe con el título, "Shariah Law and

---

[30] Sisters in Islam, "Rape, Zina, and Incest," 6 April 2000, www.muslimtents.com/sistersinislam/resources/sdefini.htm.

the American State Courts"[31] encontró 50 casos significativos de la ley Sharia en los tribunales de los Estados Unidos solo en una pequeña muestra de casos publicados por la Corte de Apelaciones. Cuando examinaron los tribunales estatales, encontraron 15 casos adicionales en los tribunales de primera instancia y 12 más en las cortes de apelaciones. Los jueces están tomando decisiones en favor de la ley Sharia, incluso cuando esas decisiones entran en conflicto con la Constitución de los Estados Unidos y las diversas constituciones estatales.

¿Cómo deberíamos responder al aumento del uso de la ley Sharia en los Estados Unidos? Una forma sencilla de explicar tu preocupación a los legisladores, familiares, amigos y vecinos, es recordar los números 1-8-14. Estos tres números representan las tres enmiendas a la Constitución de los Estados Unidos que impiden el uso de la ley Sharia.

La Primera Enmienda dice que no debería haber un establecimiento de una religión. La ley de la sharia se basa en la interpretación de los derechos de una religión. La Primera Enmienda prohíbe el establecimiento de cualquier religión nacional (incluido el Islam).

La Octava Enmienda prohíbe el "castigo cruel e inusual". La mayoría de los estadounidenses

---

[31] Shariah law and the American State Courts, Center for Security Policy, 5 January2015. https://www.centerforsecuritypolicy.org/2015/01/05/shariah-in-american-courts-the-expanding-incursion-of-islamic-law-in-the-u-s-legal-system/.

considerarían que las sanciones impuestas por la ley de la Sharia son crueles e inusuales.

La Decimocuarta Enmienda garantiza a cada ciudadano igualdad de protección en virtud de la Constitución. La ley sharia no trata a hombres y mujeres por igual, ni tampoco trata a musulmanes y no musulmanes por igual. Esto también viola la Constitución.

CAPÍTULO 6 - EL ISLAM Y EL TERRORISMO

El terrorismo musulmán se ha convertido hoy en parte de nuestro mundo. Eso no quiere decir que todos los musulmanes sean terroristas. Muy pocos musulmanes simpatizan con los ataques terroristas de otros musulmanes radicales. Pero incluso si pocos musulmanes son terroristas, también es cierto que la mayoría de los terroristas son musulmanes.

El terrorismo puede definirse como el uso del miedo y la violencia contra ciudadanos inocentes en un intento de sembrar el terror e influir en la opinión pública y las políticas públicas. El enfoque del terrorismo es a menudo en los civiles, en un esfuerzo por crear miedo. Es por eso que muchos estrategas militares se refieren al terrorismo como la "nueva guerra". Sin embargo, los terroristas tergiversan la noción de guerra en sus cabezas. Los civiles inocentes se convierten en blanco de los ataques terroristas. La guerra terrorista mantiene como rehenes a personas inocentes y convierte a soldados y civiles en posibles objetivos potenciales para su agresión.

Historia del Terrorismo

En el pasado, varios dictadores y gobiernos utilizaron tácticas terroristas contra su gente u otros enemigos. Por ejemplo, el Reinado del Terror en la Francia del siglo XVIII llevó a la ejecución de 25,000 personas. También, los líderes marxistas utilizaron el terror contra sus ciudadanos con el fin de lograr cambios políticos y económicos dentro de sus países. Pero el terrorismo cambió después de la Segunda Guerra Mundial y comenzó a ser utilizado por grupos revolucionarios. Hoy en día, casi todas las acciones terroristas provienen de grupos radicales dentro del Islam.

Se han escrito libros completos sobre la historia del terrorismo, pero un libro que tiene un buen resumen del terrorismo musulmán radical en nuestro tiempo es *The ISIS Crisis*, escrito por Charles Dyer y Mark Tobey.[32] En la década de 1970, Rusia invadió Afganistán. Los que luchaban contra Rusia eran los Muyahidines. De manera no oficial, Estados Unidos los apoyó. Uno de los líderes fue Osama bin Laden. Cuando Rusia se fue, los talibanes llenaron el vacío creado cuando finalizó la dominación soviética. La palabra *talibán* significa "estudiantes" en Pashto. Este fue un nombre que se le dio porque muchos de los miembros originales estudiaron una forma radical del Islam que se enseñaba en las escuelas religiosas pakistaníes llamadas madrassas.

Cuando Mohammed Omar tomó el poder, esto le permitió a Osama bin Laden volver al país para construir *Al Qaeda* y establecer campos de entrenamiento terrorista. La palabra *Al Qaeda* significa "la base". Esta base de operaciones les permitió llevar a cabo varios ataques en Arabia Saudita, Kenia y Tanzania. Uno de esos ataques se produjo contra los Estados Unidos el 11 de Septiembre de 2001.

---

[32] Charles Dyer and Mark Tobey, *The ISIS Crisis* (Chicago, Moody, 2015), 31-44.

Cuando los Estados Unidos y otras potencias occidentales enviaron tropas primero a Afganistán y luego a Irak, Al Qaeda se descentralizó y se convirtió en una operación de franquicia. El líder en Irak era un hombre llamado Abu Musab al-Zarqawi. Cuando fue asesinado, ISIS (ahora a menudo llamado el Estado Islámico) llenó ese vacío de poder. Abu Bakr al-Baghdadi se convirtió en la cabeza del Estado Islámico de Irak. Esto sucedió durante la llamada "Primavera Árabe". Con el tiempo, ISIS se convirtió en el grupo terrorista más rico del mundo y controlaba un territorio tan grande como todo un estado-nación.

Interpretación Terrorista del Corán

Los terroristas radicales musulmanes interpretan el Corán literalmente y creen que los diversos versos del uso de la espada, se aplican a ellos hoy. Estos son solo algunos de los versículos, que pueden justificar la yihad contra los incrédulos e infieles, que se encuentran en un capítulo del Corán:

• Sura 9:5 – "Matad a los idólatras dondequiera les halléis, capturadles, cercadles y tendedles emboscadas en todo lugar".

• Sura 9:29 – "Combatid a quienes no creen en Alá ni en el Día del Juicio, no respetan lo que Alá y Su Mensajero han vedado y no siguen la verdadera religión [el Islam] de entre la Gente del Libro [judíos y cristianos], a menos que éstos acepten pagar un impuesto [por el cual se les permita vivir bajo la protección del estado islámico conservando su religión] con sumisión".

- Sura 9:73 - "¡Lucha duro contra los incrédulos y a los hipócritas, y sé severo con ellos. Su morada será el Infierno. ¡Qué pésimo destino!"

La palabra traducida "lucha duro" es la palabra árabe yahidi, que es una forma verbal del sustantivo yihad. La interpretación tradicional era que este "lucha duro" debía estar en el campo de batalla.

Los musulmanes a menudo dividen el Corán en dos partes: las suras de "La Meca" y "Medina". Las suras de La Meca provienen de la carrera de Mahoma como profeta. En Medina, sus puntos de vista se endurecieron y están llenos de cuestiones de leyes y rituales. Esto incluye exhortaciones a la yihad.

Muchos musulmanes nos recuerdan que hay muchos versos en el Corán que hablan de paz y tolerancia. Eso es cierto, pero datan del período de La Meca cuando Mahoma fue un profeta. Los terroristas radicales musulmanes en cambio apuntan a los versos escritos cuando Mahoma estaba en Medina. También utilizan la doctrina islámica de la abrogación, lo que significa que Alá puede cambiar o cancelar lo que les dice a los musulmanes (Sura 2:106). Ellos argumentan que estos versos posteriores abrogan (o invalidan) los versos anteriores y, por lo tanto, son aplicables hoy en día.

Negación Occidental del Terrorismo

Los terroristas radicales musulmanes citan el Corán como su justificación. Sin embargo, muchos líderes políticos y religiosos en el oeste continúan argumentando que los yihadistas no son musulmanes.

Después del ataque a Charlie Hedbo en París, el ex gobernador de Vermont, Howard Dean, dijo: "Dejé de llamar terroristas musulmanes a estas personas. Son tan musulmanes como yo. Quiero decir, no tienen ningún respeto por la vida de nadie más, eso no es lo que dice el Corán. Europa tiene un enorme problema radical. Creo que ISIS es un culto. No es un culto islámico. Creo que es un culto".[33]

En un discurso reciente sobre el terrorismo musulmán, el Papa argumentó que "el terrorismo cristiano no existe, el terrorismo judío no existe y el terrorismo musulmán no existe".[34] Si la observación del pontífice era decir que no todos los cristianos y no todos los musulmanes son terroristas, eso es obvio. Es un hecho evidente.

El problema con estos y muchos otros comentarios es que intentan distinguir a los terroristas musulmanes radicales de los musulmanes amantes de la paz diciendo que los primeros no son musulmanes, mientras que los últimos son musulmanes. Pero estos yihadistas en realidad apuntan a la vida de Mahoma para justificar sus acciones terroristas y citan versos en el Corán que creen que justifican sus acciones terroristas.

---

[33] Howard Dean on MSNBC's "Morning Joe," 7 January 2015, https://www.realclearpolitics.com/video/2015/01/07/howard_dean_on_paris_attack_i_stopped_calling_these_people_muslim_terrorists.html.

[34] Thomas Williams, "Pope Francis: Muslim Terrorism Does Not Exist, *Breitbart*, 17 February 2017,

http://www.breitbart.com/national-security/2017/02/17/pope-francis-muslim-terrorism-not-exist/

Nuestro mundo de hoy no tiene que lidiar con terroristas cristianos o terroristas judíos. Incluso si existiesen, hay versículos apropiados en la Biblia (1 Samuel 24:4-13; Proverbios 25:21-22; Mateo 5:41-48; Lucas 6:27-32, 10:29-37: Romanos 12:14-21) que pueden ser usado para condenar actos terroristas.

En un artículo en *The Atlantic Graeme Wood* se explica quiénes son ISIS y el Estado Islámico. Dice que "el Estado islámico es islámico". Muy islamico. Sí, ha atraído a psicópatas y buscadores de aventuras, en su mayoría provenientes de las poblaciones descontentas de Oriente Medio y Europa. Pero la religión predicada por sus seguidores más ardientes se deriva de interpretaciones coherentes e incluso aprendidas del Islam".[35]

Continúa agregando que: "Los musulmanes pueden rechazar el Estado Islámico; casi todos lo hacen. Pero pretender que no es realmente un grupo religioso milenario, con una teología que se debe entender para ser combatida; ya ha llevado a los Estados Unidos a subestimarla y respaldar planes absurdos para contrarrestarlo".

En un comentario reciente, David French hizo esta llamativa declaración: "Una serie de inmigrantes musulmanes y "visitantes" son responsables de matar a más estadounidenses, en territorio estadounidense,

---

[35] Graeme Wood, "What ISIS Really Wants," *The Atlantic*, March 2015,

www.theatlantic.com/magazine/archive/2015/03/what-isis-really-wants/384980/.

que los militares del Japón imperial y la Alemania nazi juntos".[36]

Nos recuerda que aunque los musulmanes en Estados Unidos constituyen una pequeña fracción de la población, unos pocos dentro de esta religión son responsables de más muertes horrendas que cualquier otro grupo. Este es un hecho importante que se debe tener en cuenta cuando alguien en el gobierno propone que se otorgue un escrutinio adicional a los musulmanes que desean emigrar a este país. Implementamos tales pruebas y escrutinios durante la Guerra Fría debido a una amenaza a la seguridad nacional.

El Mito de la Gran Mayoría

Cuando una discusión se centra en el terrorismo musulmán, la gente nos recuerda que la gran mayoría de los musulmanes son pacíficos y rechazan la violencia. Ya que escuchamos este comentario tan a menudo, vale la pena examinarlo con más detalle.

Primero, no es necesariamente cierto que la mayoría de los musulmanes en otros países son pacíficos y rechazan la violencia. Las encuestas de Pew Research citadas anteriormente ilustran que las gran mayorías de los musulmanes quieren implementar la ley de la sharia en sus países. Porcentajes significativos creen que los atentados suicidas pueden justificarse.

---

[36] David French, "It's Time We Faced the Facts about the Muslim World," *National Review*, 19 September 2016, www.nationalreview.com/article/440175/chelsea-bombing-minnesota-stabbing-jihadist-threat-america-grows.

Hace unos años, el ateo Bill Maher estaba en el programa de Charlie Rose PBS tratando de aclarar lo peligroso que es el Islam. Charlie Rose respondió con el típico comentario de que todas las religiones tienen sus fanáticos peligrosos. Bill Maher no aceptaría esta débil excusa. Argumentó que el Islam es diferente.

Dijo: "Un gran número de cristianos no creen que si abandonas la religión cristiana, deberías ser asesinado por ello. Un gran número de cristianos no tratan a las mujeres como ciudadanos de segunda clase. Un gran número de cristianos no creen que si haces un dibujo de Jesucristo, debes ser asesinado por ello".[37]

Continuó citando la encuesta de Pew Research en Egipto que encontró que el 80% cree que el apedrear es el castigo apropiado para el adulterio. Casi todos ellos (88%) pensaron que la muerte era un castigo apropiado por abandonar la religión musulmana.

También habló sobre la indignación cuando ISIS está decapitando gente. Entonces señaló el número de personas que habían sido decapitadas recientemente en Arabia Saudita. Muy pocos políticos o comentaristas protestaron por estas decapitaciones, a menudo por crímenes no violentos.

En La Meca, los no musulmanes ni siquiera están permitidos en las partes sagradas de la ciudad. No tienes eso en otras religiones, explicó, y decapitan a las personas allí. Bill Maher preguntó: "Si estuvieran

---

[37] Charlie Rose interview of Bill Maher, www.youtube.com/watch?v=qYC5pzbs9s8.

decapitando a personas en la Ciudad del Vaticano, que es el equivalente a La Meca, ¿no crees que habría una gran protesta al respecto?" Llamó a esto, el suave fanatismo de bajas expectativas con las personas musulmanas.

William Kirkpatrick escribe sobre "*The Vast Majority Myth*". Contrarresta esta idea con tres argumentos.[38] El primer argumento es que "la gran mayoría de las personas son pacíficas, hasta que no lo son". Es fácil encontrar ejemplos de personas que fueron pacíficas durante mucho tiempo y rápidamente se volvieron violentas. La gran mayoría de los hutus se comportaban pacíficamente antes del genocidio en Ruanda en 1994. Al final de los años, los hutus lograron matar a unos 800.000 tutsis con palos y machetes. La gran mayoría de los europeos se comportaban pacíficamente antes de la Primera Guerra Mundial. Todo eso cambió en 1914 cuando las naciones del mundo se fueron a guerra entre sí.

El segundo argumento es la realidad de que la gran mayoría de las personas irá con la corriente. La mayoría de los hutus se fueron con la corriente. Muchos de los hutus moderados que no participaron en los asesinatos, fueron asesinados por sus compañeros hutus.

Este argumento es especialmente cierto en el Islam. A la mayoría de los musulmanes (especialmente en los EE.UU.) les gustaría que los dejen solos. Solo quieren vivir sus vidas y criar a sus

---

[38] William Kirkpatrick, "The Vast Majority Myth," *Crisis Magazine*, 15 December 2015, www.crisismagazine.com/2015/the-vast-majority-myth.

familias. Pero Kirkpatrick dice que uno de los problemas del Islam es que otros musulmanes no te dejarán en paz. El Islam te obliga a ser bueno. Y la manera de ser bueno es cumplir con la ley de la sharia. Esta es una realidad en cualquier país que no solo tiene la ley de la sharia sino que también ha establecido un califato. Para entonces todos los argumentos a favor de una forma de islamismo militante han sido institucionalizados.

El tercer argumento es que la mayoría de las personas en cualquier sociedad son mujeres y niños. Aunque algunas mujeres hutus participaron en la matanza de tutsi, es cierto que la gran mayoría no lo hizo. Eso es poco consuelo para los que fueron sacrificados. La mayoría de los yihadistas y terroristas suicidas son hombres, pero hay algunas mujeres y niños que participan. Si bien es cierto que la inmensa mayoría no son yihadistas, eso hace poca diferencia en términos del peligro terrorista.

Luchando Contra el Terrorismo

El terrorismo contra los gobiernos democráticos a menudo ha tenido éxito porque estos gobiernos están acostumbrados a tratar dentro de una estructura legal. Por lo tanto, a menudo les resulta difícil lidiar con los terroristas que habitualmente operan fuera de la ley. Sin embargo, la disuasión es tan parte de la justicia como la correcta aplicación de las leyes.

Los gobiernos democráticos que no disuaden a los criminales generan, inevitablemente, el vigilantismo, ciudadanos que normalmente respetan la ley y que han perdido la confianza en el sistema de justicia penal, toman la ley en sus propias manos. Una reacción similar está comenzando a surgir como resultado de la incapacidad de las democracias occidentales para defenderse contra los terroristas. Los activistas quieren "bombardear a los terroristas y que las naciones terroristas vuelvan a la edad de Piedra". Los pacifistas no quieren involucrar al país en una guerra contra el terror y buscan encontrar otras formas de apaciguar a quienes amenazan a la sociedad occidental.

Los terroristas también han tenido éxito debido a la exposición en los medios de comunicación. Los terroristas prosperan gracias a la exposición en los medios, y las organizaciones de noticias (así como los sitios web y los blogs en Internet) han estado muy dispuestos a dar a los terroristas la publicidad que desean. Cuando a los secuestros, secuestradores y bombardeos se les presta una destacada atención de los medios de comunicación, los gobiernos comienzan a sentir la presión de sus ciudadanos para resolver la crisis. A menudo, ceden ante las demandas de los terroristas y las organizaciones terroristas. Alentados por su último éxito, los terroristas suelen intentarlo nuevamente. El apaciguamiento, observó Churchill sabiamente, siempre despierta el apetito, y los éxitos recientes, han hecho que los terroristas tengan hambre de más ataques.

Algunos comentaristas de noticias no han estado dispuestos a llamar al terrorismo lo que es: violencia criminal. Algunas agencias de noticias se niegan incluso a usar la palabra "terrorista" en sus transmisiones. Otros argumentan que "el terrorista es un hombre que lucha por la libertad de otro hombre". Pero esto simplemente no es cierto. Los terroristas no están preocupados por los derechos humanos y la dignidad humana. De hecho, terminan destruyendo los derechos humanos en su supuesta lucha por los derechos humanos.

Deberíamos hacer la pregunta, ¿qué es un terrorista? ¿Es un terrorista un criminal común? Si los terroristas son solo criminales comunes, entonces son un problema para el gobierno de acogida (naciones que permiten que el Islam radical exista en su país). Sin embargo, si los terroristas son más como un enemigo extranjero del gobierno, entonces deben ser tratados como combatientes enemigos.

La respuesta a esta pregunta no es un problema pequeño. En las últimas décadas, los gobiernos han oscilado en sus respuestas a esta pregunta. La forma en que respondas a la pregunta determinará si llevas a los terroristas a la justicia (tratarlos como criminales) o si llevas justicia a los terroristas (tratarlos como combatientes). La Biblia proporciona una guía en Romanos 13:2-4 donde el Apóstol Pablo dice:

> Por consiguiente, el que resiste a la autoridad, a lo ordenado por Dios se ha opuesto; y los que se han opuesto, sobre sí recibirán condenación. Porque los gobernantes no son motivo de temor para los de buena conducta, sino para el que hace el mal. ¿Deseas, pues, no temer a la autoridad? Haz lo bueno y tendrás elogios de ella, pues es para ti un ministro de Dios para bien. Pero si haces lo malo, teme; porque no en

vano lleva la espada, pues ministro es de Dios, un vengador que castiga al que practica lo malo.

Este pasaje de las Escrituras nos ayuda a hacer una distinción importante en nuestro análisis del terrorismo. Demuestra que los criminales son los que hacen el mal y amenazan la paz civil. Cualquier amenaza externa a la existencia del estado no es una amenaza criminal sino un acto de guerra, que también debe ser tratado por el gobierno.

En otras palabras, los criminales amenazan al estado desde dentro. Ejércitos extranjeros amenazan al estado desde afuera. En el caso de la busqueda de la paz doméstica, Romanos 13 describe cómo los gobiernos aprobarán las buenas obras, sin embargo, esos gobiernos deberían causar temor a aquellos que son malhechores.

Los malhechores deben vivir con miedo al gobierno. Los terroristas no viven con el temor a las autoridades gubernamentales en los países donde viven. Algunas organizaciones terroristas viven fuera de las leyes de su gobierno de acogida (naciones que permiten que el Islam radical exista en su país), mientras que otras participan en actividades terroristas con la aprobación del gobierno de acogida.

Muchos terroristas musulmanes ni siquiera temen la "espada" de las autoridades gubernamentales. En cambio, a menudo se les da asilo por tales gobiernos. Los gobiernos que dan asilo e incluso apoyo, a menudo han adoptado la actitud de que los terroristas no les hacen daño, ¿por qué deberían actuar contra las organizaciones terroristas? De hecho, no son vistos como una amenaza porque los grupos terroristas están actuando fuera de las políticas del gobierno de acogida.

Por definición, los grupos terroristas y sus naciones de acogida (naciones que permiten que el Islam radical exista en su país) son enemigos del gobierno cuando capturan y matan a civiles inocentes con fines militares y de política exterior. Cuando los terroristas atacan, el gobierno no debería verlos como criminales, sino como soldados extranjeros que intentan amenazar la existencia misma de ese gobierno.

La estrategia y las tácticas de los gobiernos que luchan contra el terrorismo tienen que cambiar. De la misma manera que a los ejércitos tradicionales les tomó algo de tiempo aprender a combatir las guerrillas, los gobiernos occidentales también se están dando cuenta de que las reglas de la guerra también han cambiado en el caso del terrorismo.

¿Declarar la Guerra a los Terroristas?

Si los gobiernos occidentales dicen que están librando una guerra contra el terrorismo, ¿no deberían declarar formalmente la guerra? Esta es una buena pregunta. De hecho, muchos han pedido una declaración de guerra formal en lugar de una autorización más limitada para el uso del poder. Una declaración de guerra sería una oportunidad para debatir a fondo el tema y definir claramente quién es el enemigo en esta lucha.

La Constitución de los Estados Unidos otorga los siguientes poderes al Congreso: "Definir y castigar las piraterías y delitos graves cometidos en alta mar y las ofensas contra el derecho de las naciones; declarar la guerra, otorgar cartas de marca y represalia, y establecer reglas concernientes a las capturas en tierra y agua". Los actos terroristas caen en al menos dos de las disposiciones del Congreso para hacer frente a los ataques contra la nación. Deben (1) castigar las ofensas contra la ley de las naciones, y (2) declarar la guerra.

En cualquier caso, existen sólidos fundamentos constitucionales para tomar medidas contra los terroristas. La dificultad viene en identificar claramente al enemigo y estar dispuesto a arriesgarse a ofender a muchas naciones en el Medio Oriente a quienes consideramos aliados. El Congreso debe identificar al enemigo y, por lo tanto, definir a ese grupo como un objetivo militar. Una vez que el Congreso haga esto, se llevarán a cabo muchos otros pasos.

La estrategia militar debería desplegarse para cazar a pequeños grupos de hombres bien armados y bien financiados que se esconden en el territorio de un país de acogida. Se debe desarrollar una estrategia política que nos permita trabajar dentro de un país de acogida. El gobierno debe aclarar cuán grave es la amenaza terrorista.

La diplomacia también puede desempeñar un papel. Usando canales diplomáticos, deberíamos dejar dos cosas muy claras para el país anfitrión. Primero, deben atrapar y castigar a los grupos terroristas como criminales civiles.

O, en segundo lugar, deberían extraditar a los soldados enemigos y entregarlos a un tribunal internacional para su juicio.

Si el país de acogida no cumple con estas dos solicitudes, deberíamos dejar claro que los vemos en complicidad con los grupos terroristas. Pero al no ejercer su responsabilidad civil, se dejan abiertos a las consecuencias de permitir fuerzas militares hostiles dentro de sus fronteras.

Terrorismo y Guerra Justa

La respuesta cristiana a la guerra se ha extendido desde el pacifismo hasta el activismo. Pero la mayoría de los cristianos sostienen lo que se conoce como la "tradición de la guerra justa". Este concepto se desarrolló durante muchos siglos y se extrajo de fuentes griegas y romanas, hasta que San Agustín lo formalizó en una estructura.

Hay siete principios clave en una guerra justa. Los primeros cinco se aplican a una nación "en camino a la guerra" (*solo ad bellum*), mientras que los dos últimos se aplican "en medio de la guerra" (*solo in bello*). Estos son los siete principios en una guerra justa:

1. Causa justa. Toda agresión es condenada, solo la guerra defensiva es legítima.

2. Solo intencion. La única intención legítima es asegurar una paz justa para todos los involucrados. Ni la venganza ni la conquista ni la ganancia económica ni la supremacía ideológica están justificadas.

3. Último recurso. La guerra solo puede iniciarse cuando todas las negociaciones y acuerdos han sido probados y fracasaron.

4. Declaración formal. Dado que el uso de la fuerza militar es una prerrogativa de los gobiernos, no de individuos privados, un estado de guerra debe ser declarado oficialmente por las más altas autoridades.

5. Objetivos limitados. Si el objetivo es la paz, entonces la rendición incondicional o la destrucción de las instituciones económicas o políticas de una nación es un objetivo injustificado.

5. Medios proporcionales. El armamento y la fuerza utilizada deben limitarse a lo que se necesita para repeler la agresión y disuadir futuros ataques (con el fin de asegurar una paz justa).

6. Inmunidad no combatiente. Dado que la guerra es un acto oficial del gobierno, solo aquellos que son oficialmente agentes de un gobierno pueden luchar, y las personas que no contribuyen activamente al conflicto deben ser inmunes a los ataques.

Si bien los cristianos pueden estar en desacuerdo sobre cómo aplicar estos principios en nuestra guerra actual contra el terrorismo, sin embargo, proporcionan un marco útil para discutir este tema. Por ejemplo, el principio de "medios proporcionados" lleva a dos conclusiones:

• Los militares no deben aplicar un castigo demasiado severo. Los llamados a bombardear ciudades de los países de acogida (naciones que permiten que el Islam radical exista en su país) en represalia por acciones terroristas deben ser rechazados por ser inapropiados e injustos.

- Los militares no deben aplicar un castigo demasiado ligero. Las naciones de acogida que albergan terroristas y se niegan a castigar o extraditarlos, deben ser presionadas para que hagan lo correcto. El castigo podría venir en forma de embargos económicos, rompiendo relaciones diplomáticas, o incluso acciones militares. Pero el castigo debe ser proporcional al acto terrorista.

Dos tipos de objeciones a menudo emergen contra la idea de una guerra justa. Primero, hay una objeción moral. Los pacifistas argumentan que nunca es correcto ir a la guerra y con frecuencia citan pasajes bíblicos para reforzar su argumento. Por ejemplo, Jesús dijo que los creyentes deben poner la otra mejilla (Mateo 5:39). También advirtió que "los que tomen la espada perecerán por la espada" (Mateo 26:52).

El contexto de las afirmaciones es importante. En primera instancia, Jesús está hablando a creyentes individuales en su Sermón del Monte, amonestando a los creyentes a no tomar represalias personales. En la segunda instancia, Él le dice a Pedro que baje su espada porque el evangelio no debe ser promovido por la espada. Pero al mismo tiempo, Jesús en realidad animó a sus discípulos a comprar una espada (Lucas 22:36) para protegerse a sí mismos.

También hay una objeción política. Los críticos dicen que la tradición de la guerra justa se aplica solo a las naciones y no a los terroristas. Aun así, eso no invalidaría las acciones militares en países musulmanes que albergan a terroristas.

Pero la crítica es incorrecta. El pensamiento cristiano sobre la guerra justa es anterior al concepto moderno de nación-estados. Por lo tanto, las aplicaciones de estos principios pueden aplicarse a los gobiernos u organizaciones terroristas. Además, el primer uso de la fuerza militar estadounidense en este país fue contra los piratas de Berbería. El presidente Thomas Jefferson realmente declaró la guerra a los piratas musulmanes que eran de la costa de Berbería de Trípoli, Túnez, Marruecos y Argelia.

Antes de la guerra revolucionaria, los barcos estadounidenses habían estado bajo la protección de Inglaterra. Luego, Estados Unidos tuvo que proporcionar protección, pero los piratas de Berbería comenzaron a capturar muchos de los barcos. Los Estados Unidos (junto con muchos gobiernos europeos) comenzaron a pagar sobornos a los Estados de Berbería.

Cuando Thomas Jefferson llegó a la presidencia, el Pasha de Trípoli envió una nota exigiendo el pago inmediato de US$225,000 al año más montos adicionales en los años futuros. Eso fue suficiente. Jefferson le dijo a Pasha lo que podía hacer con la demanda. El Pasha cortó el asta de la bandera en Argelia y declaró la guerra a los Estados Unidos. Los otros estados bárbaros también declararon la guerra.

El Congreso y el presidente respondieron entonces empoderando a los barcos estadounidenses para apoderarse de todos los buques y bienes del Pasha de Trípoli. Una vez que EE. UU. Tomó medidas, algunos de los otros Estados de Barbary retrocedieron. La guerra con Trípoli duró cuatro años más. Esto incluyó una batalla en 1805 cuando los Marines levantaron la bandera estadounidense, no lejos de las costas de Trípoli. Esa se convirtió en la famosa línea del himno de la Infantería de Marina.

SECCIÓN 3 Preguntas Sobre el Islam

Tenemos muchas preguntas sobre el Islam. ¿Los cristianos y los musulmanes adoran al mismo Dios? ¿Cómo ven los musulmanes el mundo cristiano? También tenemos muchos conceptos erróneos sobre el Islam. ¿Es esta religión una religión de paz? ¿Qué pasa con el Islam y las cruzadas?

CAPÍTULO 7 - CRISTIANOS Y MUSULMANES

Los cristianos y los musulmanes viven en el mismo mundo, pero no siempre se entienden entre sí. Este capítulo examinará algunas de las afirmaciones que a menudo escuchamos que no son precisas y merecen un estudio adicional. También veremos algunos de los conceptos erróneos que los cristianos tienen sobre los musulmanes.

En particular, veremos algunas de las frases políticamente correctas que suenan bien pero no son ciertas. Escuchamos que "los cristianos y los musulmanes adoran al mismo Dios" y que "el Islam es una religión de paz". Si queremos entender el Islam de verdad, debemos mirar con cuidado y trabajar para comprender la verdadera naturaleza del Cristianismo y del Islam.

¿Adoras al Mismo Dios?

Una frase políticamente correcta que se repite a menudo es que "los cristianos y los musulmanes adoran al mismo Dios". Es comprensible que la gente pueda decir eso. Tanto el Islam como el Cristianismo son monoteístas, aunque una diferencia fundamental es la creencia cristiana en la Trinidad.

La doctrina más fundamental en el Islam es el monoteísmo. Esta doctrina está encapsulada en el credo: "No hay más Dios que Alá, y Mahoma es su profeta". Y no solo es un credo, sino que también es una declaración de fe que se escucha habitualmente en los labios de todos los musulmanes fieles. Es el credo por el cual todos los musulmanes son llamados a la oración cinco veces al día.

Debido a este fuerte énfasis en el monoteísmo, los musulmanes rechazan la idea de que Dios podría ser más de una persona o que Dios podría tener un compañero. El Corán enseña que Alá es un solo Dios y el mismo Dios para todas las personas. Cualquiera que no crea esto es culpable del pecado de *Shirk*. Este es el pecado por excelencia en el Islam. Según el Islam, Dios no puede tener un compañero y no puede ser unido en la Trinidad con otras personas. Los musulmanes, por lo tanto, rechazan la idea cristiana de la Trinidad.

Los musulmanes y los cristianos también difieren en su comprensión de la naturaleza y el carácter de Dios. El Dios de la Biblia es conocible. Jesús vino al mundo para que pudiéramos conocer a Dios (Juan 17: 3).

El Islam enseña una visión muy diferente de Dios. Alá es distante, trascendente e incognoscible. Él está separado de su creación. Él es exaltado y alejado de la humanidad. Si bien podemos conocer su voluntad, no podemos conocerlo personalmente. De hecho, hay muy poco escrito sobre el carácter de Dios. Alá es el creador y sustentador de la creación, pero también es incognoscible. Ninguna persona puede conocer personalmente y tener una relación con Alá. En cambio, los humanos deben estar en total sumisión a la voluntad de Alá.

Además, Alá no entra personalmente en la historia humana. En cambio, trata con el mundo a través de Su palabra (el Corán), a través de Sus profetas (como Mahoma) y a través de los ángeles (como Gabriel).

Por el contrario, el Cristianismo enseña la paternidad de Dios. Jesús enseñó en el Padre nuestro que podemos dirigirnos a Dios como "nuestro Padre en el cielo". Los cristianos pueden tener una relación personal con Dios a través de Cristo y llamar a Dios "Abba Padre".

Cuando un musulmán escucha a un cristiano hablar de Dios en términos tan íntimos, él o ella podría objetar. A nivel emocional, puede ser conmovedor incluso atractivo. Pero a un nivel consciente, tal conversación también suena discordante e incluso blasfema.

Una perspectiva cristiana y musulmana sobre el amor de Dios también es muy diferente. Los cristianos comienzan con la creencia de que "Dios amó tanto al mundo" (Juan 3:16). En contraste, los musulmanes crecen escuchando acerca todas las personas que Alá no ama. Sura 2:190 dice: "Porque Alá no ama a los transgresores". Sura 3:32 dice: "Alá no ama a los incrédulos". Finalmente, vemos que Sura 3:57 dice: "Alá no ama a los malhechores."

Visión Musulmana de Jesús Como el Hijo de Dios

Como hemos mencionado, el Corán se refiere a Jesús como "el Mesías" o "el Cristo" (Sura 4:157) y también lo llama "la palabra de Dios" (Sura 3:45).

Pero los musulmanes rechazan la idea de que Dios podría tener un Hijo.

Sura 19:35 dice: "Alá no ha tenido un hijo. ¡Glorificado sea! Cuando decide algo dice: ¡Sé!, y es". Mahoma creía que engendrar a un hijo esencialmente convertiría a Alá en un animal sexual, por lo que rechazó la idea de que Dios podría tener un Hijo. Creía que estaría por debajo de la dignidad de Dios tener relaciones sexuales. Sura 2:116 dice: "Ellos dicen: Alá ha tenido un hijo. ¡Glorificado sea! Suyo es cuanto hay en los cielos y en la Tierra, todo está sometido a Él".

Algunos comentaristas musulmanes han dicho que la idea de que Dios podría tener un Hijo en una reliquia del paganismo. Incluso creen que es blasfemo decir que "Alá engendra hijos como un hombre o un animal".[39]

Esto, sin embargo, no es lo que enseña el Cristianismo. La Biblia no dice que Dios tuvo relaciones sexuales y engendró un Hijo. Si bien esa pudo haber sido la creencia expresada en los mitos griegos donde los dioses tienen relaciones sexuales entre sí y con los humanos, no es la enseñanza del Cristianismo.

Jesucristo es llamado el Hijo de Dios. Dios es escuchado desde el cielo declarando: "Este es mi Hijo amado, en quien tengo complacencia" (Mateo 17:5). Además, a los creyentes se les llama hijos de Dios:

---

[39] Abdullah Yusuf Ali, *The Holy Qur'an: Text, Translation, and Commentary* (Brentwood, MD: Amana Corporation, 1989), 49.

"Mirad cuán gran amor nos ha otorgado el Padre, para que seamos llamados hijos de Dios" (1 Juan 3:1).

Vamos a comparar Jesús y Mahoma. Los musulmanes creen que Mahoma es el último profeta de Alá. Se le conoce como el "sello de los profetas" (Sura 33:40). Pero mientras es venerado como el más grande de los profetas, la mayoría no enseña que no tuvo pecados. El Corán no afirma que no tuvo pecados, y hay pasajes que enseñan que Mahoma fue un hombre como nosotros (Sura 18:110) y que Alá le dijo a Mahoma que debía arrepentirse de sus pecados (Sura 40:55).

En contraste, Jesús afirmó ser Dios y afirmó tener los poderes y la autoridad que solo Dios podía poseer. El Nuevo Testamento proporciona relatos de testigos oculares, registros o testimonios de las afirmaciones que Jesús hizo y los milagros que realizó. Además, el Nuevo Testamento enseña que Jesucristo vivió una vida perfecta y sin pecado (2 Co. 5:21).

Mahoma también enseñó que los musulmanes deben luchar en la causa de Alá (Sura 4:76) y luchar contra los incrédulos (Sura 9:123). Por el contrario, Jesús enseñó que los cristianos deben amar a sus enemigos (Mateo 5:44) y poner la otra mejilla (Mateo 5:39).

La vida de Mahoma es diferente de muchos de los otros fundadores de la religión. Además, la vida de Mahoma y la vida de Jesucristo son muy diferentes.

Vista Musulmana de la Trinidad

El Islam fue fundado con el fin de devolver a todas las religiones una verdadera adoración del único Dios verdadero. Los musulmanes, por lo tanto, rechazan cualquier religión que no se base en la creencia en el monoteísmo. La doctrina de la trinidad suena a los musulmanes como una corrupción de la creencia en el monoteísmo. De hecho, esto suena como un compromiso de la unidad y la unicidad de Dios.

Dos versículos clave en el Corán se refieren a la doctrina de la trinidad. Sura 4:171 dice: "¡Oh, Gente del Libro! No os extralimitéis en vuestra religión. No digáis acerca de Alá sino la verdad: Ciertamente el Mesías Jesús hijo de María, es el Mensajero de Alá y Su palabra [¡Sé!] que depositó en María, "El versículo continúa: "No digáis que es una trinidad, desistid, pues es lo mejor para vosotros. Por cierto que Alá es la única divinidad. ¡Glorificado sea!"

Otro pasaje es Sura 5:73: "Son incrédulos quienes dicen: Alá es parte de una trinidad. No hay más que una sola divinidad. Si no desisten de lo que dicen, un castigo doloroso azotará a quienes [por decir eso] hayan caído en la incredulidad".

Más adelante en ese capítulo (Sura 5:116-117) hay una conversación que supuestamente tiene lugar entre Jesús y Dios en el día del juicio: "Y cuando dijo Alá: ¡Oh, Jesús hijo de María! ¿Eres tú quien ha dicho a los hombres: Tomadnos a mí y a mi madre como divinidades en vez de Alá?" Dijo: "¡Glorificado seas! No me corresponde decir algo sobre lo que no tengo derecho. Si lo hubiera dicho Tú lo sabrías. Tú conoces lo que encierra mi alma, mientras que yo ignoro lo que encierra la Tuya. . . .No les he dicho sino lo que Tú me has ordenado: Adorad a Alá, mi Señor y el vuestro".

La Biblia enseña que Dios se ha revelado a sí mismo en tres personas distintas: el Padre, el Hijo y el Espíritu Santo. Estas tres personas conforman el único Dios verdadero. Estas tres personas son de la misma sustancia, iguales en poder y gloria.

La Biblia dice claramente que hay un solo Dios. Deuteronomio 6:4 dice: "Escucha, oh Israel, el Señor es nuestro Dios, el Señor uno es". Isaías 44:6 dice: "Yo soy el primero y yo soy el último, y fuera de mí no hay Dios". Claramente, estos versículos revelan que hay un solo Dios. Sin embargo, hay tres personas separadas en la Biblia que se llaman Dios y tienen las características que sólo Dios puede tener.

A lo largo de las Escrituras, el Padre se llama Dios. El Hijo también se llama Dios (Juan 20:28, Mateo 1:23, Tito 2:13). El Hijo es adorado, tiene autoridad sobre áreas sobre las que solo Dios tiene autoridad. El Hijo comparte los atributos que solo Dios puede tener. El Espíritu Santo también se llama Dios (Mateo 28:19, Hechos 5:3-4, Romanos 8). Los tres son iguales en naturaleza, sin embargo, hay posiciones subordinadas entre las personas de la Trinidad.

También podemos ver que los discípulos se referían a Jesús como Dios. En Juan 20:28, Tomás, después de ver al Señor resucitado, proclama a Jesús: "Mi Señor y mi Dios". Vemos, por lo tanto, que Tomás llama a Jesús Dios. Y cuando Juan escribió su evangelio, comienza diciendo: "En el principio existía el Verbo, y el Verbo estaba con Dios, y el Verbo era Dios" (Juan 1: 1).

¿Una Religión de Paz?

Una frase políticamente correcta que se repite a menudo es que "el Islam es una religión de paz". Ciertamente, la mayoría de los musulmanes que conocemos quieren vivir en paz y ser buenos ciudadanos. ¿Pero es verdad que todo el Islam ha sido pacífico? Para responder a esa pregunta, es importante regresar a nuestra discusión de la palabra "yihad".

Aunque algunos musulmanes entienden que la yihad es meramente intelectual y filosófica, la traducción usual de yihad implica una guerra santa. Esa ha sido la interpretación tradicional desde la época de Mahoma.

La yihad debía ser librada en el campo de batalla. Sura 47:4 dice: "Cuando os enfrentéis a los incrédulos, matadles hasta que les sometáis, y entonces apresadles". Sura 9:5 dice: "Matad a los idólatras dondequiera les halléis, capturadles, cercadles y tendedles emboscadas en todo lugar".

Considera algunos de estos otros pasajes concernientes a la yihad. Los musulmanes fieles libran la yihad contra los incrédulos: "Y combatid por la causa de Alá a quienes os combatan. . . . Y matadles dondequiera que los encontréis . . . Combatidlos hasta que cese la sedición y triunfe la religión de Alá" (Sura 2:190-193).

Aquí hay otros dos pasajes similares que hablan de luchar contra los incrédulos. "Sembraremos el terror en los corazones de los incrédulos por haber atribuido copartícipes a Alá sin fundamento válido. Su morada será el Fuego. ¡Qué pésima será la morada de los inicuos!" (Sura 3:151). También, "¡Oh, creyentes! Combatid a aquellos incrédulos que habitan alrededor vuestro, y que comprueben vuestra severidad. Y sabed que Alá está con los piadosos" (Sura 9:123.)

Los musulmanes también deben librar la yihad no solo contra los incrédulos sino también contra aquellos que se han alejado de la fe:

• Sura 4:89 – "Pretenden que no creáis al igual que ellos. No hagáis, pues, ninguna alianza hasta que hayan emigrado por la causa de Alá [demostrando su verdadera fe]. Si se rehúsan a emigrar, apresadles y matadles dondequiera que les encontréis."

• Sura 9:73 – "¡Oh, Profeta! Combate a los incrédulos y a los hipócritas, y sé severo con ellos. Su morada será el Infierno. ¡Qué pésimo destino!"

El Corán también enseña que comprometerse con la yihad es bueno para un musulmán: "Se os prescribió el combate y éste os desagrada. Es posible que detestéis algo y sea un bien para vosotros, y que améis algo y sea un mal para vosotros. Alá sabe y vosotros no sabéis"(Sura 2:216). El Corán (4:95) también exalta "a quienes combaten por la causa de Alá con sus bienes y sus propias vidas" por encima de "quienes se quedaron en sus hogares".

Otra forma de entender el término "yihad" es mirar el contexto histórico. Después del éxito de

Mahoma en la Batalla de Badr, expuso varios principios de la guerra. Por ejemplo, según Sura 9:29, la yihad es un deber religioso. Mahoma enseñó (en Sura 3:157-158, 195; 9:111) que el martirio en la jihad es el bien más elevado y garantiza la salvación. Sura 9:5 dice que los musulmanes comprometidos con la yihad no deben mostrar tolerancia hacia los incrédulos. Y los actos de terrorismo están justificados en Sura 8:2.

Mahoma también prometió que serían victoriosos en la yihad incluso cuando fueran superados en número. "¡Oh, Profeta! Exhorta a los creyentes a combatir. Por cada veinte hombres verdaderamente pacientes y perseverantes que hubiese en vuestras filas no deberán flaquear ante doscientos [combatientes enemigos], y si hubiere cien no deberán flaquear ante mil, y sabed que les venceréis, pues ellos no razonan [que su causa es injusta]" Sura 8:65.

Parte de la violencia ordenada en el Corán es en realidad bastante espantosa:

• Sura 5:33 – "El castigo de quienes hacen la guerra a Alá y a Su Mensajero y siembran en la tierra la corrupción es que se les mate, o crucifique, o se les ampute una mano y el pie opuesto o se les destierre. Esto es para que sean denigrados en esta vida, y en la otra tendrán un terrible castigo".

• Sura 8:12-13 – "Golpeadles [con vuestras espadas] sus cuellos y cortadles los dedos. Esto [es lo que ellos merecieron] porque combatieron a Alá y a Su Mensajero, y quien combata a Alá y a Su Mensajero sepa que Alá es severo en el castigo".

El Corán y el Asesinato

Los musulmanes a menudo citan un pasaje en el Corán para demostrar que se prohíbe el asesinato. Dice: "Por esta razón decretamos para los Hijos de Israel que quien mata a una persona sin que ésta haya cometido un crimen o sembrado la corrupción en la Tierra es como si matase a toda la humanidad. Y quien salva una vida es como si salvase a toda la humanidad" (Sura 5:32).

Este pasaje no es realmente una prohibición contra el asesinato, por dos razones. Primero, el pasaje está dirigido a los "Hijos de Israel" en un contexto histórico particular. No está dirigido a los musulmanes. En realidad, fue una advertencia para los judíos de no participar en una guerra contra Mahoma.

Segundo, tiene una condición importante: si hay corrupción en la tierra. Esto a veces se traduce como "hacer maldad en la tierra". Aunque esto, sin duda, incluiría hacer la guerra contra los musulmanes, también podría incluir resistir el avance musulmán en la tierra. La pena por hacer maldad en la tierra era la siguiente: "ejecución, o crucifixión, o el corte de manos y pies de lados opuestos, o el exilio de su tierra".

Violencia en la Biblia y el Corán

Cada vez que citan los versos del uso de la espada, en el Corán, por lo general, alguien señala rápidamente que el Antiguo Testamento llama a la violencia. ¿Pero son estos dos libros moralmente equivalentes? Echemos un vistazo a algunos de estos pasajes y veamos.

El Corán llama a la yihad contra los incrédulos (o infieles). Sura 9:5 dice: "matad a los idólatras dondequiera les halléis, capturadles, cercadles y tendedles emboscadas en todo lugar".

Sura 9:29 dice: "Combatid a quienes no creen en Alá ni en el Día del Juicio, no respetan lo que Alá y Su Mensajero han vedado y no siguen la verdadera religión [el Islam] de entre la Gente del Libro [judíos y cristianos], a menos que éstos acepten pagar un impuesto [por el cual se les permita vivir bajo la protección del estado islámico conservando su religión] con sumisión".

Sura 47:4-7 dice: "Cuando os enfrentéis a los incrédulos, matadles hasta que les sometáis, y entonces apresadles. Luego, si queréis, liberadles o pedid su rescate. [Sabed que] Esto es para que cese la guerra ... Y a quien caiga en la batalla por la causa de Alá, Él no dejará de recompensar ninguna de sus obras. Alá guiará a quienes combatan [por Su causa] y hará que prosperen. Y les introducirá en el Paraíso que les ha descrito".

En el Antiguo Testamento, a veces hubo un llamado a la acción militar contra grupos específicos. Deuteronomio 7:1-2 dice: "Cuando el Señor tu Dios te haya introducido en la tierra donde vas a entrar para poseerla y haya echado de delante de ti a muchas naciones: los hititas, los gergeseos, los amorreos, los cananeos, los ferezeos, los heveos y los jebuseos, siete naciones más grandes y más poderosas que tú, y cuando el Señor tu Dios los haya entregado delante de ti, y los hayas derrotado, los destruirás por completo. No harás alianza con ellos ni te apiadarás de ellos".

1 Samuel 15:2-3 dice, "Así dice el Señor de los ejércitos: "Yo castigaré a Amalec por lo que hizo a Israel, cuando se puso contra él en el camino mientras subía de Egipto. "Ve ahora, y ataca a Amalec, y destruye por complete todo lo que tiene, y no te apiades de él; antes bien, da muerte tanto a hombres como a mujeres, a niños como a niños de pecho, a bueyes como a ovejas, a camellos como a asnos".

Si bien hay algunas similitudes, nota la diferencia. En el Antiguo Testamento, había una orden directa y *específica* para luchar contra un grupo particular de personas. Estos pasajes no se aplican a nadie que no sea hitita, girgashita, amorita, cananea, perizzita, heivita, jebuseita o amalecita. Estos mandatos dados durante la teocracia del Antiguo Testamento se aplican solo a esas personas en ese tiempo.

Los pasajes también son bastante específicos. En 1 Samuel 15, la acción militar se debe tomar solo contra los amalecitas. Fíjate en el versículo 6 que Saúl dice a los ceneos: "Idos, apartaos, descended de entre los amalecitas, para que no os destruya con ellos". Tan específico es el mandato, que él envía lejos a los ceneos para que no puedan ser heridos por ningún daño colateral.

Visión Musulmana del Mundo Cristiano

Mientras que los pasajes en el Antiguo Testamento se aplican específicamente a un grupo particular de personas, los pasajes en el Corán se aplican a todos los incrédulos en todo tiempo. Observa que no hay límite de tiempo en estos mandatos universalmente vinculantes para todos los musulmanes en todo tiempo.

Ningún líder cristiano está llamando a una Guerra Santa contra los infieles. Pero muchos líderes musulmanes citan el Corán por esa misma acción. Osama bin Laden, por ejemplo, citó muchos de estos versos del Corán que acabamos de mencionar dentro de sus diversas *fatwas*.

Contrasta esto con el Nuevo Testamento, que pide que los creyentes amen a sus enemigos (Mateo 5:44) y pongan la otra mejilla (Mateo 5:39). Los cristianos están llamados a amar (no a odiar) a sus enemigos, a orar por ellos y a no responder con una yihad violenta, porque otros piensan diferente.

El musulmán promedio en otras partes del mundo, frecuentemente, tiene una gran incomprensión del Cristianismo occidental. A menudo, su propia experiencia con los Estados Unidos y el resto del mundo proviene de nuestra exportación cultural: los medios de comunicación. Lo que saben de nosotros está en nuestras películas, música y programas de televisión. Por lo tanto, perciben que Estados Unidos y el resto del mundo occidental están llenos de sexo y violencia. Ya que creen que Estados Unidos es una nación cristiana, asumen que todo lo que proviene de nuestro país (y del resto de Occidente) ilustra las actitudes y el comportamiento de los cristianos. Así que a menudo equiparan el Cristianismo con el sexo promiscuo, el uso desenfrenado de drogas, la violencia y las luchas sociales.

Cuando hablas con un musulmán, debes aclarar que lo que ven con frecuencia de Occidente no necesariamente se alinea con el Cristianismo bíblico. Los cristianos están igualmente preocupados por el sexo, la pornografía, la violencia y la blasfemia en los medios de comunicación e incluso en la vida cotidiana. Ayúdale a comprender tus preocupaciones morales sobre estos mismos problemas.

¿Por Qué es Difícil Para los Musulmanes Convertirse en Cristianos?

Una de las razones por las que es difícil para los musulmanes venir a Cristo fue mencionada. A menudo son rechazados por el mundo occidental y equiparan la decadencia occidental con el Cristianismo. Ellos razonan que si eso es lo que es el Cristianismo, entonces no quieren tener nada que ver con eso. Es importante aclarar muchos de los conceptos erróneos que los musulmanes pueden tener sobre el Cristianismo.

Otra razón por la cual es difícil para los musulmanes convertirse en cristianos, es cultural. Se ha dicho que el Islam es un 10% teológico y un 90% cultural. Rechazar el Islam es rechazar la familia y la cultura. El musulmán promedio desea (como todos nosotros) ser parte de un grupo cultural más grande, para sentirse seguro y ser apoyado.

La cultura musulmana también refuerza estas creencias y proporciona un refugio seguro, en un mundo de amenazas y confusión. Cuando un musulmán escucha las afirmaciones de Cristo, él o ella pueden ser atraído a la verdad, pero se niegan a comprometerse por el gran costo de ese compromiso. Dejar el Islam puede significar la pérdida de la familia, la pérdida de la comunidad, incluso la pérdida de la vida.

Un musulmán necesita poder encontrar una comunidad cristiana segura, para unirse después de su conversión. Desafortunadamente, en muchas partes del mundo, tales comunidades no existen.

Testificando a los Musulmanes Sobre Jesús

Los musulmanes aceptan que el Corán les enseña todo lo que necesitan saber sobre Jesucristo. Ellos aceptan que Él es el Mesías y el Cristo. Y lo honran como uno de los más grandes profetas. Así que sienten que ya creen todo lo que necesita ser creído acerca de Él. De manera que se sienten incómodos cuando los cristianos les dicen que necesitan creer en Jesucristo. Después de todo, ellos ya creen en Él y ya lo honran.

Si bien los musulmanes pueden saber que el Corán da títulos a Jesús como el "Mesías" y la "Palabra de Dios", no tienen contexto para entender qué significan esos títulos. Debes explicar qué significaron estos títulos en el Antiguo Testamento y cómo se cumplen en la persona de Jessucristo.

Muéstrales del Corán lo que realmente dice acerca de Jesús. Por ejemplo, Sura 3:42-55 enseña que: (1) María fue elegida por Dios, (2) Jesús nació de una virgen, (3) Jesús es el Mesías, (4) Jesús tiene poder sobre la muerte y (5) Jesús conoce el camino al cielo.

Estos versículos atribuyen poder y posición a Jesús que Mahoma no se atribuyó a sí mismo.

Muchos musulmanes no son conscientes de que las siguientes afirmaciones aparecen en el Corán:

• Si tenéis dudas sobre lo que me ha sido revelado, preguntadles a quienes podían leer la revelación que me precedió [la Torá y el Evangelio entre los judíos y cristianos que me siguieron] (Sura 10:94).

• Para ser un musulmán apropiado, uno debe leer el Antiguo y el Nuevo Testamento, conocidos como Libros anteriores (Sura 4:136).

• Si observaran la Torá , el Evangelio y lo que les ha sido revelado por su Señor [el Corán], serían sustentados con las gracias del cielo y la tierra (Sura 5:65-66).

• Diles: Yo no soy el primero de los Mensajeros [como para que os sorprendáis de mi misión], ni tampoco sé qué será de mí o de vosotros. Yo sólo sigo lo que me fue revelado, y no soy sino un amonestador evidente (Sura 46:9).

Estos pasajes son excelentes temas para inciar una conversación sobre la Biblia, Jesús y la salvación. Los musulmanes tienen el permiso para leer la Biblia y aprender la verdad espiritual de los cristianos.

Finalmente, asegúrate hablar acerca del amor de Dios. Como hemos mencionado, los musulmanes creen que Alá es distante e incognoscible. El Cristianismo les ofrece la posibilidad de conocer a

Dios personalmente. Esto es atractivo para los musulmanes

Un seminario realizó una encuesta a seiscientos ex musulmanes que se habían convertido en cristianos. Uno de los factores más importantes involucrados en las conversiones de estos ex musulmanes, fue el énfasis en el amor de Dios y la intimidad que los creyentes pueden tener con Dios como su Padre celestial.[40] Este fue un factor importante para atraer a estos antiguos musulmanes a Cristo, así que asegúrate de hablar sobre el amor de Dios.

---

[40] R.C. Sproul and Abdul Saleeb, *The Dark Side of Islam* (Wheaton, IL: Crossway Books, 2003), 33

CAPÍTULO 8 - EL ISLAM Y LAS CRUZADAS

Las Cruzadas fueron una serie de campañas militares declaradas por primera vez por el Papa en un esfuerzo por reclamar la Tierra Santa de los musulmanes. Los cruzados dejaron empleos y familia para tomar las armas y luchar en la causa de la Cristiandad. La palabra cruzada está tomada de la palabra latina "*crux*" o cruz.

Hubo nueve cruzadas. Aunque la mayoría de ellas fueron sancionados por el Papa, hubo otras campañas militares posteriores que a veces también las llaman cruzadas. Estas continuaron en el siglo XVI. Las Cruzadas tuvieron un impacto político, económico y social, no solo en esas sociedades sino hasta hoy.

Razón de las Cruzadas

Como hemos discutido anteriormente, el Islam se extendió rápidamente a través de Medio Oriente e incluso a Europa en los cien años posteriores a la muerte de Mahoma. Esta rápida expansión incluyó a los musulmanes conquistando territorios que anteriormente habían estado bajo el control de los cristianos. Por ejemplo, las ciudades de Antioquía, Alejandría y Cartago habían sido los centros del pensamiento cristiano. Todos cayeron ante los ejércitos musulmanes comprometidos con la yihad y rápidamente fueron conquistando las que habían sido tierras cristianas.

Jerusalén cayó en 638, fue el comienzo de siglos de persecución de los cristianos. A principios del siglo VIII, sesenta peregrinos cristianos de Amorio fueron crucificados. Durante ese mismo período, el gobernador musulmán de Cesarea reunió a un grupo de peregrinos de Iconio y los hizo ejecutar como espías. Para fines de ese siglo, el califa musulmán en Jerusalén exigía que todos los cristianos y judíos tuvieran las manos estampadas con un símbolo distintivo. En el siglo IX, gran número de cristianos huyeron a Constantinopla y otras ciudades cristianas.

Una fecha clave en la historia de las Cruzadas fue 1095. En ese año, el emperador bizantino Alejo I solicitó ayuda al Papa Urbano. Los turcos ya habían conquistado gran parte del Imperio bizantino, y Alejo necesitaba mercenarios para ayudarlo a resistir los avances musulmanes en su territorio. De hecho, la ciudad de Constantinopla (quizás la ciudad cristiana más grande del mundo en ese momento) estaba amenazada. El Papa Urbano en el Consejo de Clermont llamó a los cristianos en Europa a responder a esta súplica.

Si bien sabía que era necesario de que los cristianos lucharan contra los turcos, también sabía que pedir esa acción militar para salvar a la cristiandad oriental por sí solo no motivaría a muchos. Así que, para motivar a los fieles, estableció un segundo objetivo: liberar a Jerusalén y el lugar de nacimiento de Cristo, del gobierno musulmán.

Este no fue un objetivo arbitrario que el Papa agregó a la lista. En los años previos a 1095, el califa fatimí, Abu 'Ali al-Hakim había destruido treinta mil iglesias, incluida la Iglesia del Santo Sepulcro en

Jerusalén. Muchos cristianos durante ese tiempo consideraron a al-Hakim como el Anticristo.

El Papa también agregó algo más al llamado a la acción militar: la posibilidad de la remisión de los pecados. Durante el período medieval, la idea del voto de un peregrino fue prominente. Los cruzados prometieron llegar al Santo Sepulcro en Jerusalén a cambio del perdón del Papa por los pecados que habían cometido.

El Papa Urbano probablemente pensó que una cruzada serviría para reunir a la cristiandad y quizás incluso podría poner a Oriente bajo su control. Pero una vez que el Papa lanzó la primera cruzada, virtualmente no tuvo control sobre ella. Los involucrados en la cruzada tomaron sus decisiones sobre tácticas y estrategia, aparte del Papa.

Aunque hubo muchas campañas militares llamadas cruzadas, cuando nos referimos a "las Cruzadas" estamos hablando de las nueve campañas militares que tuvieron lugar entre 1095 y 1272. Se lanzaron desde Europa occidental contra los musulmanes en el Medio Oriente.

Breve Historia de las Cruzadas

1. *La Primera Cruzada* (1095-1099): esta comenzó cuando el emperador bizantino Alejo pidió al Papa Urbano que enviara mercenarios para unirse a una guerra contra los turcos. Fue la cruzada más exitosa. Los cruzados derrotaron a los turcos y también pudieron tomar Jerusalén. Establecieron varios estados incluyendo el Reino de Jerusalén.

2. *La Segunda Cruzada* (1145-1149): fue un intento fallido de recuperar un estado Cruzado (Edessa). Y puso en peligro los otros estados Cruzados debido a un ataque imprudente en Damasco.

3. *La Tercera Cruzada* (1189-1192): también conocida como la Cruzada del Rey y fue convocada por el Papa Gregorio a raíz de la captura de Jerusalén por parte de Saladino en 1187. Muchas personas famosas participaron en esta Cruzada, incluido el Rey Ricardo Corazón de León de Inglaterra y el Rey Felipe de Francia.

4. *La Cuarta Cruzada* (1201-1204): esta fue iniciada por el Papa Inocencio, pero fue desviada a Constantinopla por alguien que buscaba el trono bizantino. Después de mucha confusión y desconcierto, los cruzados saquearon la ciudad en 1204. Esto conmocionó al mundo cristiano y debilitó aún más al Imperio Bizantino.

5. *La Quinta Cruzada* (1217-1221): esta Cruzada se centró en Egipto con el supuesto de que al romper el poder egipcio, podrían recuperar Jerusalén. Mientras capturaban Damieta, atacaron El Cairo tontamente y fallaron.

6. *La Sexta Cruzada* (1228-1229) —Fue una continuación de la Quinta Cruzada. Se produjo porque el emperador Federico había jurado repetidamente una cruzada, pero nunca cumplió su palabra. El Papa lo excomulgó en 1228. Zarpó a Tierra Santa y pudo negociar una tregua que permitía a los cristianos vivir en Jerusalén. Pero como la ciudad estaba indefensa, los musulmanes pudieron

tomar la ciudad en 1244. Los cristianos fueron asesinados y muchas iglesias fueron incendiadas, incluida la Iglesia del Santo Sepulcro.

7. *La Séptima Cruzada* (1248-1254): fue la Cruzada mejor equipada, liderada por Luis IX de Francia contra Egipto desde 1248 hasta 1254. En medio de una batalla, fue capturado y luego rescatado y devuelto a Europa.

8. *La Octava Cruzada* (1270), también organizada por Luis IX, que acudió en ayuda de los estados cruzados en Siria. La Cruzada fue desviada a Túnez, donde murió Luis.

9. *La Novena Cruzada* (1271-1272) fue organizada por el principe Eduardo de Inglaterra, después Eduardo I, que había acompañado a Luis IX en la Octava Cruzada. Poco se logró, y Eduardo se retiró al año siguiente después de una tregua.

Atrocidades en las Cruzadas

Cualquiera que quiera criticar el Cristianismo probablemente hablará de las cruzadas y de las atrocidades cometidas por los cruzados. Es cierto que los cruzados mataron a judíos y musulmanes en el saqueo de Jerusalén. También es cierto que los cruzados incluso lucharon entre sí.

Sin embargo, la verdadera historia de las Cruzadas es más compleja que la crítica típica al Cristianismo. Tanto los musulmanes como los cristianos cometieron atrocidades y provocaron una considerable carnicería.

Los musulmanes también fueron despiadados y bárbaros en su trato a los cristianos y judíos. Considera lo que hicieron los turcos con los prisioneros alemanes y franceses capturados en la Primera Cruzada (antes del saqueo de Jerusalén). Si renunciaban a Cristo y se convertían al Islam, serían enviados al Este. Si no lo hacían, eran sacrificados.

El gran líder musulmán, Saladin, no fue tan misericordioso como lo han representado en las películas. Por ejemplo, después de derrotar a un gran ejército latino en 1187, ordenó la ejecución masiva de todos los caballeros hospitalarios y templarios que quedaron vivos. Él personalmente decapitó al noble Reinaldo de Chatillon.

Saladino es mejor conocido por reconquistar a Jerusalén, y se sabe mucho de su voluntad de permitir que los cristianos en Jerusalén, que lucharon contra él, vivieran. Pero la verdadera historia es que originalmente había planeado masacrar a todos los cristianos en Jerusalén después de recuperarlos de los cruzados. Sin embargo, cuando el comandante de Jerusalén amenazó con destruir la ciudad y matar a todos los musulmanes dentro de las murallas, Saladin cambió su plan. Les permitió comprar su libertad. Si no podían hacerlo, eran vendidos como esclavos.

Las Películas de Hollywood Sobre las Cruzadas

Se han hecho varias películas sobre las Cruzadas, pero la película más cara (más de US$150 millones) que se ha hecho sobre las Cruzadas es el *Reino de los Cielos.* Contó con un elenco de estrellas (Orlando Bloom, Jeremy Irons, Liam Neesom) y un extenso presupuesto publicitario. Entonces, ¿qué tan precisa es?

El guión estaba lleno de clichés políticamente correctos y perjudica a quienes tratan de entender este período de la historia. La película inventa un grupo de tolerancia conocido como la "Hermandad de musulmanes, judíos y cristianos". No existía tal grupo. También hace parecer que esta hermandad de tolerancia, se habría mantenido unida si ciertos extremistas cristianos no hubieran causado problemas.

El profesor Jonathan Riley-Smith es profesor en la Universidad de Cambridge y autor de *A Short History of the Crusades*. Llamó a la película "basura" y dijo que no era "históricamente exacta en absoluto". Se quejó de que "muestra a los musulmanes como sofisticados y civilizados, y los cruzados son todos brutos y bárbaros. No tiene nada que ver con la realidad".[41]

El profesor Jonathan Phillips es profesor en la Universidad de Londres y autor de *The Fourth Crusade and the Sack of Constantinople*. Dijo que la película se basó en un retrato anticuado de las Cruzadas y los Caballeros Templarios. Él dice que es mala la historia: "Los templarios como "malos" es sólo sostenible desde la perspectiva musulmana, y "malos" es la manera incorrecta de mostrarlos de todos modos. Son la mayor amenaza para los musulmanes

---

[41] Charlotte Edwardes, "Ridley Scott's new Crusades film panders to Osama bin Laden," *London Telegraph*, 18 Jan. 2004, http://www.telegraph.co.uk/news/main.jhtml?xml=/news/2004/01/18/wcrus18.xml&sSheet=/news/2004/01/18/ixworld.html.

y muchos terminan siendo asesinados debido a su juramento de defender la Tierra Santa."[42]

---

[42] Ibid.

Bibliografía

Anderson, Kerby. *A Biblical Point of View on Islam.* Eugene, OR: Harvest House, 2008

Caner, Ergun and Emir Caner, *Unveiling Islam.* Grand Rapids, MI: Kregel, 2002.

Darwish, Nonie, *Now They Call Me Infidel.* NY: Sentinel, 2006.

Denison, Jim. *Radical Islam: What You Need to Know.* Elevation Press: 2011.

Dyer, Charles. *The ISIS Crisis.* Chicago, Moody, 2015.

Demy, Timothy and Gary Stewart, *In the Name of God: Understanding the Mindset of Terorrism.* Eugene, OR: Harvest House, 2002.

Douglass-Williams, Christine. *The Challenge of Modernizing Islam* (NY: Encounter, 2017).

Gabriel, Brigette. *Because They Hate.* NY: St. Martin's Press, 2006.

Geisler, Norman. *Answering Islam: The Crescent in Light of the Cross.* Grand Rapids, MI: Baker, 2002.

Huntington, Samuel. *The Clash of Civilizations.* NY; Simon and Schuster, 1996.

Lindsey, Hal. *The Everlasting Hatred: The Roots of Jihad.* Washington: WND Books, 2011.

Moore, Johnnie; *Defying Isis.* Nashville: Thomas Nelson, 2015.

Morey, Robert. *The Islamic Invasion*. Eugene, OR: Harvest House, 1992.

Qureshi, Nabeel. *Seeking Allah, Finding Jesus*. Grand Rapids, MI: Zondervan, 2016.

Rassamni, Jerry. *From Jihad to Jesus*. Chattanooga, TN: Living Ink Books, 2006.

Rosenberg, Joel. *Inside the Revolution*. Carol Stream, IL: Tyndal House, 2009.

Sekulow, Jay, et. al. *Rise of Isis*. NY: Howard, 2014.

Spencer, Robert *The Politically Incorrect Guide to Islam (And the Crusades)*. Washington: Regenery, 2005.

Spencer, Robert. *The Truth About Muhammad*. Washington, Regnery, 2006.

Sproul, R.C. and Abdul Saleeb, *The Dark Side of Islam*. Wheaton, IL: Crossway, 2003.

Youssef, Michael. *Jesus, Jihad and Peace*. Nashville, TN: Worthy, 2015.

www.ingramcontent.com/pod-product-compliance
Lightning Source LLC
Chambersburg PA
CBHW060157050426
42446CB00013B/2874